Scoprire i Giochi Gratuiti Online

Disponibile Qui:

BestActivityBooks.com/FREEGAMES

5 CONSIGLI PER INIZIARE

1) COME RISOLVERE LE PAROLE INTRECCIATTE

I puzzle hanno un formato classico:

- Le parole sono nascoste senza spazi o trattini,...
- Orientamento: Le parole possono essere scritte in avanti, indietro, verso l'alto, verso il basso o in diagonale (possono essere invertite).
- Le parole possono sovrapporsi o intersecarsi.

2) APPRENDIMENTO ATTIVO

Accanto ad ogni parola c'è uno spazio per scrivere la traduzione. Per incoraggiare l'apprendimento attivo, un **DIZIONARIO** alla fine di questa edizione vi permetterà di controllare e ampliare le vostre conoscenze. Cerca e scrivi le traduzioni, trovale nel puzzle e aggiungile al tuo vocabolario!

3) SEGNARE LE PAROLE

Puoi inventare il tuo sistema di segni. Forse ne usi già uno? Per esempio, puoi segnare le parole difficili da trovare con una croce, le parole preferite con una stella, le parole nuove con un triangolo, le parole rare con un diamante, e così via.

4) STRUTTURARE L'APPRENDIMENTO

Questa edizione offre un **TACCUINO** alla fine del libro. In vacanza, in viaggio o a casa, puoi organizzare facilmente le tue nuove conoscenze senza bisogno di un secondo quaderno!

5) AVETE FINITO TUTTE LE GRIGLIE?

Nelle ultime pagine di questo libro, nella sezione della **SFIDA FINALE**, troverete un gioco gratuito!

Facile e veloce! Dai un'occhiata alla nostra collezione di libri di attività per il tuo prossimo momento di divertimento e **apprendimento,** a portata di clic!

Trova la tua prossima sfida su:

BestActivityBooks.com/MioProssimoLibro

Ai vostri posti, pronti...Via!

Sapevi che ci sono circa 7.000 lingue diverse nel mondo? Le parole sono preziose.

Amiamo le lingue e abbiamo lavorato duramente per creare libri di altissima qualità. I nostri ingredienti?

Una selezione di argomenti adatti all'apprendimento, tre buone porzioni di intrattenimento, una cucchiaiata di parole difficili e una spolverata di parole rare. Li serviamo con amore e entusiasmo in modo che tu possa risolvere i migliori giochi di parole e divertirti imparando!

La vostra opinione è essenziale. Puoi partecipare attivamente al successo di questo libro lasciandoci un commento. Ci piacerebbe sapere cosa ti è piaciuto di più di questa edizione.

Ecco un link veloce alla pagina dell'ordine:

BestBooksActivity.com/Recensione50

Grazie per il vostro aiuto e buon divertimento!

Tutta la squadra

1 - Salute e Benessere #2

```
U V G T K V Y T L L R I F H
C K K Ě R Ý S R N E M O C Y
E H X L E Ž Ž Á S A M L J G
R Y U O V I Ý V A R D Z F I
A N X Ť R V X E A T M V B E
P R A J E A B N H P S H Y N
L R C H I Z K Í O R K B T A
B V S E G T E I M O T A N A
K A L O R I E S T R A V A I
E I G R E L A G D E X Y R E
M T S O N T O M H C N Y H A
B Y M N E M O C N I C E V O
I N F E K C E D A R Y J G M
D B B D E H Y D R A T A C E
```

ALERGIE
ANATOMIE
CHUŤ
KALORIE
TĚLO
STRAVA
TRÁVENÍ
DEHYDRATACE
ENERGIE
GENETIKA

HYGIENA
INFEKCE
NEMOC
MASÁŽ
VÝŽIVA
NEMOCNICE
HMOTNOST
KREV
ZDRAVÝ

2 - Aggettivi #2

```
E A H N D L A T V O Ř I V Ý
L S U D R A M A T I C K Ý L
E I Č T H X S V P S L A N Ý
G L I N E H L A D O V Ý S H
A N S M O N S P I E B D I C
N Ý T U O V T L C I Z R P U
T M Ý B R M Ý I A M A H O S
N V Ý R O B N Í C D L K P Z
Í Z A J Í M A V Ý K K T A D
N O R M Á L N Í H R Ý Ý S R
O D P O V Ě D N Ý E B P Z A
T T P Ř Í R O D N Í C I W V
N V V O V W U V N P V L R Ý
U P M U S I F S L A V N Ý O
```

HLADOVÝ	ZAJÍMAVÝ
SUCHÝ	PŘÍRODNÍ
AUTENTICKÝ	NORMÁLNÍ
TVOŘIVÝ	NOVÝ
POPISNÝ	HRDÝ
SLADKÝ	VÝROBNÍ
DRAMATICKÝ	ČISTÝ
ELEGANTNÍ	ODPOVĚDNÝ
SLAVNÝ	SLANÝ
SILNÝ	ZDRAVÝ

3 - Ingegneria

```
M  D  S  Z  T  E  Č  O  P  Ý  V  P  O  R
H  O  I  H  K  C  P  D  L  T  C  O  S  O
L  U  T  S  Z  K  V  J  J  B  Y  H  A  T
O  U  C  O  T  U  G  C  A  I  Z  O  L  A
U  W  K  C  R  R  Ě  M  Ů  R  P  N  Í  C
B  D  W  X  A  T  I  L  I  B  A  T  S  E
K  P  Á  K  Y  S  L  B  M  E  Ú  H  E  L
A  K  G  K  Z  N  M  S  U  H  S  N  H  P
U  J  G  R  H  O  Z  O  T  C  N  H  B  Z
B  A  P  A  Z  K  E  I  G  R  E  N  E  W
K  A  P  A  L  I  N  A  U  A  O  L  I  A
C  D  I  A  G  R  A  M  L  I  W  J  D  X
O  N  A  F  T  A  I  M  Ě  Ř  E  N  Í  K
S  T  R  U  K  T  U  R  A  S  G  Z  O  F
```

ÚHEL	PÁKY
OSA	KAPALINA
VÝPOČET	STROJ
KONSTRUKCE	MĚŘENÍ
DIAGRAM	MOTOR
PRŮMĚR	HLOUBKA
NAFTA	POHON
DISTRIBUCE	ROTACE
ENERGIE	STABILITA
SÍLA	STRUKTURA

4 - Archeologia

```
A  N  E  Z  N  Á  M  Ý  P  V  G  J  F  X
R  N  K  E  M  O  T  O  P  Y  O  K  O  F
É  Z  A  I  C  T  D  H  R  O  B  K  A  L
N  Á  H  L  Z  J  Ý  B  C  H  R  Á  M  K
D  H  B  I  Ý  N  D  M  O  K  O  S  T  I
Y  A  B  S  J  Z  W  M  A  R  Í  G  C  V
N  D  S  O  W  F  A  K  L  O  N  W  Y  Ý
K  A  P  F  X  U  J  N  F  A  E  Í  T  Z
Z  A  P  O  M  E  N  U  T  Ý  C  H  K  K
S  T  A  R  O  V  Ě  K  D  I  O  N  E  U
P  R  O  F  E  S  O  R  J  P  N  N  J  M
C  I  V  I  L  I  Z  A  C  E  D  G  B  N
R  E  L  I  K  V  I  E  R  C  O  Y  O  Í
S  T  A  R  O  V  Ě  K  Ý  E  H  W  X  K
```

ANALÝZA
STAROVĚK
STAROVĚKÝ
CIVILIZACE
ZAPOMENUTÝ
POTOMEK
ÉRA
ODBORNÍK
FOSILIE
ZÁHADA

OBJEKTY
KOSTI
PROFESOR
RELIKVIE
VÝZKUMNÍK
NEZNÁMÝ
TÝM
CHRÁM
HROBKA
HODNOCENÍ

5 - Salute e Benessere #1

```
E  Y  C  A  K  H  C  Í  N  V  I  T  K  A
H  Z  N  F  W  O  B  A  B  Ý  V  Z  Y  N
Z  D  F  S  U  R  I  V  A  Š  R  K  V  M
O  L  X  H  X  M  F  Z  C  K  Z  Ů  Z  O
W  G  O  H  H  O  S  O  Y  A  H  Ž  L  P
T  A  R  M  N  N  B  V  Ř  P  L  E  R  T
E  B  E  M  E  Y  E  C  A  X  A  Ů  E  R
L  É  Č  B  A  N  Y  U  K  L  D  N  T  K
R  E  F  L  E  X  I  B  É  L  Y  E  E  L
A  X  E  Y  O  T  B  N  L  É  W  R  R  I
B  A  K  T  E  R  I  E  A  K  V  V  A  N
Z  Y  W  L  É  K  Á  R  N  A  U  Y  P  I
O  W  G  I  G  R  U  K  O  S  T  I  I  K
W  W  F  D  B  M  J  Z  K  P  R  U  E  A
```

ZVYK	SVALY
VÝŠKA	NERVY
AKTIVNÍ	HORMONY
BAKTERIE	KOSTI
KLINIKA	KŮŽE
HLAD	REFLEX
LÉKÁRNA	RELAXACE
ZLOMENINA	TERAPIE
LÉK	LÉČBA
LÉKAŘ	VIRUS

6 - Aggettivi #1

```
T C X N E X O T I C K Ý A M
V O E U M Ě L E C K Ý K M D
H X T N O C G O O G D C B D
A G A O N N A B R S A I I L
K B H V Ž Ý P R H H L T C O
P J S G X N Y O L Y M A I U
E M B O G L Ý V I T Z M Ó H
R O Ý K L E V S P O M O Z Ý
F D O X B U Ý K Ž Ě T R N L
E E T K X N T Ý V F W A Í A
K R O A X G Ý N M Í Ř P U M
T N Š T Ě D R Ý Í C E H Z O
N Í D Ů L E Ž I T Ý B N F P
Í N V I T K A T E N K Ý Z N
```

AMBICIÓZNÍ	TOTOŽNÝ
AROMATICKÝ	DŮLEŽITÝ
UMĚLECKÝ	POMALÝ
ABSOLUTNÍ	DLOUHÝ
AKTIVNÍ	MODERNÍ
OBROVSKÝ	UPŘÍMNÝ
EXOTICKÝ	PERFEKTNÍ
ŠTĚDRÝ	TĚŽKÝ
MLADÝ	CENNÝ
VELKÝ	TENKÝ

7 - Geologia

```
K  X  K  S  H  S  T  A  L  A  K  T  I  T
Y  O  I  Ů  I  G  E  J  Z  Í  R  I  S  K
W  R  N  L  D  Ě  N  Y  K  S  E  J  T  R
H  J  A  T  X  Z  N  L  J  C  L  Z  A  Y
Y  H  T  J  I  Z  E  Á  R  H  M  E  L  S
K  O  R  Á  L  N  M  R  G  M  V  M  A  T
G  L  I  V  T  A  E  E  I  K  R  Ě  G  A
P  U  G  G  Á  K  Ř  N  X  Y  S  T  M  L
V  L  B  E  E  P  K  I  T  S  T  Ř  I  Y
N  L  O  L  J  O  N  M  U  E  V  E  T  N
Y  T  U  Š  L  S  P  Í  M  L  A  S  Y  H
Y  E  I  L  I  S  O  F  K  I  V  E  I  O
E  R  O  Z  E  N  E  F  F  N  Á  N  P  G
K  Á  M  E  N  I  A  F  B  A  L  Í  Y  Z
```

KYSELINA	LÁVA
PLOŠINA	MINERÁLY
VÁPNÍK	KÁMEN
JESKYNĚ	KŘEMEN
KONTINENT	SŮL
KORÁL	STALAGMITY
KRYSTALY	STALAKTIT
EROZE	VRSTVA
FOSILIE	ZEMĚTŘESENÍ
GEJZÍR	SOPKA

8 - Campeggio

```
H V G G H V D K O M P A S K
M M T M O W O N A L V V J L
Y L Ě F R X B A N I B A K O
Z U B S A M R M T S A N W B
G Ň J J Í N O B D A P A M O
L E S L W C D R Y S Ř H X U
L H H Y M O R T S D Í Í R K
W O M W V O U N V T R Y V L
Z Á B A V A Ž B D B O Y P Z
J E Z E R O S C C O D A K J
S O C S V U T L E A A E W M
X N L G S D V R O U L S B M
K Á M F M U Í W I V S T A N
I K H O U P A C Í S Í T N I
```

STROMY	ZÁBAVA
HOUPACÍ SÍT	LES
ZVÍŘATA	OHEŇ
DOBRODRUŽSTVÍ	HMYZ
KOMPAS	JEZERO
KABINA	MĚSÍC
LOV	MAPA
KÁNOE	HORA
KLOBOUK	PŘÍRODA
LANO	STAN

9 - Arti Visive

```
A P D X N W J T O T B G S L
D R O R E P Í U J L L G L W
Í U C R P C L Ž C S N D O P
Ř T M H T R R K S O V R Ž E
K V M Ě I R N A J O T S E R
V O A G L T É Y L R Y I N S
E Ř L T Y E E T A R D O Í P
L I O Z Y T C K K F C U S E
E V V X S G R G T G V B O K
D O Á V V A U M A U C J C T
Í S N O C C N X C S R U H I
L T Í F N D V I R E B A A V
O Š A B L O N A W Z R P Y A
F I L M F O T O G R A F I E
```

ARCHITEKTURA	KŘÍDA
JÍL	TUŽKA
UMĚLEC	PERO
VELEDÍLO	MALOVÁNÍ
STOJAN	PERSPEKTIVA
VOSK	PORTRÉT
SLOŽENÍ	SOCHA
TVOŘIVOST	ŠABLONA
FILM	LAK
FOTOGRAFIE	

10 - Tempo

```
R  P  Ř  E  D  K  T  Ý  D  E  N  L  H  T
Á  M  C  U  Y  L  A  R  E  Č  V  N  P  S
N  E  B  R  Z  Y  T  L  H  S  A  N  J  O
O  G  F  C  J  M  U  H  E  F  W  L  J  N
I  W  M  R  J  I  N  T  Í  N  Č  O  R  C
H  O  P  D  F  N  I  I  V  G  D  G  P  U
M  K  R  O  K  M  M  H  P  F  Y  Á  P  O
N  N  S  W  Í  W  D  C  O  N  L  I  Ř  D
D  N  E  S  T  S  R  U  H  D  P  T  D  U
C  P  O  L  E  D  N  E  O  M  I  T  E  B
Y  U  H  T  L  K  W  C  D  Ě  R  N  N  H
R  J  B  D  O  S  Y  G  I  S  K  H  Y  T
S  D  B  Z  T  O  C  E  N  Í  D  F  D  N
C  D  D  V  S  L  S  B  A  C  J  C  O  G
```

ROK	MINUTA
ROČNÍ	NOC
KALENDÁŘ	DNES
PO	HODINA
BUDOUCNOST	HODINY
DEN	BRZY
VČERA	PŘED
RÁNO	STOLETÍ
MĚSÍC	TÝDEN
POLEDNE	

11 - Astronomia

```
N  M  Ě  S  Í  C  X  W  G  C  E  Í  A  D
O  E  O  A  A  S  T  E  R  O  I  D  S  A
B  T  B  T  V  O  S  C  M  U  P  Z  T  L
S  Ě  M  E  Z  M  O  A  E  J  T  Ě  R  E
E  P  P  K  V  S  N  T  T  D  B  V  O  K
R  L  Y  A  X  O  N  I  E  S  I  H  N  O
V  A  P  R  O  K  E  V  O  V  G  U  O  H
A  N  C  X  J  W  D  A  R  H  H  O  M  L
T  E  T  U  A  N  O  R  T  S  A  S  J  E
O  T  H  V  F  S  N  G  H  F  R  A  Z  D
Ř  A  E  A  N  I  V  O  H  L  M  X  Y  H
V  E  S  M  Í  R  O  G  A  L  A  X  I  E
Z  Á  Ř  E  N  Í  R  N  Y  O  W  P  K  Z
S  U  S  U  P  E  R  N  O  V  A  F  M  B
```

ASTEROID
ASTRONAUT
ASTRONOM
NEBE
KOSMOS
SOUHVĚZDÍ
ROVNODENNOST
GALAXIE
GRAVITACE
MĚSÍC

METEOR
MLHOVINA
OBSERVATOŘ
PLANETA
ZÁŘENÍ
RAKETA
SUPERNOVA
DALEKOHLED
ZEMĚ
VESMÍR

12 - Circo

```
P  U  I  X  E  M  Ý  T  S  O  K  I  R  T
S  R  U  L  C  A  T  A  Ř  Í  V  Z  R  C
G  T  Ů  N  I  G  C  H  Ž  Y  E  K  O  W
H  X  A  V  P  I  S  U  O  V  O  Í  R  F
H  U  P  N  O  E  L  D  N  Ó  B  N  O  B
T  G  S  H  G  D  O  B  G  T  V  L  M  W
N  Y  N  D  M  X  N  A  L  F  S  E  Y  S
R  N  G  R  R  D  U  B  É  R  V  Z  Y  N
T  Ó  T  R  V  C  A  J  R  B  W  U  L  J
T  L  O  G  Y  Ý  L  A  Z  Á  K  O  E  S
Z  A  I  Y  V  G  K  Y  D  D  Á  K  V  K
Z  B  A  K  R  O  B  A  T  D  V  X  L  E
N  Y  L  Í  S  T  E  K  E  K  I  L  P  Z
K  I  J  G  Y  I  M  T  U  I  D  D  F  W
```

AKROBAT	KOUZELNÍK
ZVÍŘATA	HUDBA
LÍSTEK	BALÓNY
BONBÓN	PRŮVOD
KLAUN	OPICE
KOSTÝM	OKÁZALÝ
SLON	DIVÁK
ŽONGLÉR	STAN
LEV	TYGR
MAGIE	TRIK

13 - Algebra

```
P  Z  D  Ř  F  A  L  E  Š  N  Ý  V  W  Č
R  J  I  E  P  H  I  E  R  F  Z  N  Z  Í
O  E  A  Š  R  O  D  Č  Í  T  Á  N  Í  S
M  D  G  E  O  Z  I  G  N  T  G  W  J  L
Ě  N  R  N  B  L  K  O  R  Z  U  R  P  O
N  O  A  Í  L  O  K  E  Á  X  L  E  A  D
N  D  M  M  É  M  H  C  E  R  O  Z  V  F
Á  U  D  E  M  E  Y  I  N  H  S  I  U  I
V  Š  L  C  L  K  B  N  I  A  L  V  R  W
U  I  K  I  T  N  X  V  L  K  F  I  K  R
F  T  D  T  N  E  N  O  P  X  E  D  F  W
Z  P  E  A  L  A  K  R  O  V  Á  Z  F  G
Y  Z  P  M  N  E  K  O  N  E  Č  N  Ý  K
F  X  F  A  K  T  O  R  W  H  N  U  L  A
```

DIAGRAM	LINEÁRNÍ
DIVIZE	MATICE
ROVNICE	ČÍSLO
EXPONENT	ZÁVORKA
FALEŠNÝ	PROBLÉM
FAKTOR	ZJEDNODUŠIT
VZOREC	ŘEŠENÍ
ZLOMEK	ODČÍTÁNÍ
GRAF	PROMĚNNÁ
NEKONEČNÝ	NULA

14 - Mitologia

```
N Z B U X W P W V U W Z L S
X A E L K F R Ř G N C D J T
S M R T E L N Ý Í W X M U V
Ž Á R L I V O S T Š V D W O
H A R C H E T Y P V E P K Ř
V R K U L T U R A M O R H E
Y M D L E E A K S E L B A N
T A V I L E G E N D A O L Í
V G N T N I R Y B A L Ž Í P
O I Y W P A F S O D I S S O
Ř C C H O V Á N Í Y G T N M
E K Í N V O J O B G N V N S
N Ý P A F O R T S A T A K T
Í N E S M R T E L N O S T A
```

ARCHETYP	ŽÁRLIVOST
CHOVÁNÍ	BOJOVNÍK
STVOŘENÍ	NESMRTELNOST
VYTVOŘENÍ	LABYRINT
KULTURA	LEGENDA
KATASTROFA	MAGICKÝ
BOŽSTVA	SMRTELNÝ
HRDINA	PŘÍŠERA
SÍLA	HROM
BLESK	POMSTA

15 - Piante

```
V L U T M E C H Y L S H S R
E E K R B L T B M L T G K Ů
G S M Á B O B U L E R S O S
E U C V O F S H E N O T Ř T
T T T A H Y A V N K M Ř E K
A K K K Y N L Z D O X A N J
C A N I T Ě V K O P J K G I
E K T C C E C N U L S I J P
Y B Ř E Č Ť A N X I E N V J
Y G O T C S L C E H F A X O
L F L Ó R A N A C F L T D I
L Y A W B N E F Z Y I O J C
D Z A H R A D A S O S B L V
Z L J A B A M B U S T M R Y
```

STROM
BOBULE
BAMBUS
BOTANIKA
KAKTUS
KEŘ
RŮST
BŘEČŤAN
TRÁVA
FAZOLE

HNOJIVO
KVĚTINA
FLÓRA
LIST
LES
ZAHRADA
MECH
KOŘEN
SLUNCE
VEGETACE

16 - Spezie

```
A E L W X X K E N S E Č P P
C N E A E I Ť U H C Í Ř P T
K Y Ý V R I V Z R R G K C J
P R U Z X S Ů L X K H S N D
A L É K O Ř I C E P U D Z Š
P S K O Ř I C E U Y L M Z A
R D N A I R O K T N I L A F
I Y H A C G F P H O R K Ý R
K P B Y E E G E Z M A Y K Á
A C I B U L E P Á A K N M N
S L A D K Ý D Ř Z D P E Í O
R R I C L N B Y V R C F N G
R J P G N J B S O A Y J E A
V A N I L K A A R K W C L P
```

ČESNEK	SLADKÝ
HORKÝ	FENYKL
ANÝZ	PŘÍCHUŤ
SKOŘICE	LÉKOŘICE
KARDAMON	PAPRIKA
CIBULE	PEPŘ
KORIANDR	SŮL
KMÍN	VANILKA
KURKUMA	ŠAFRÁN
KARI	ZÁZVOR

17 - Numeri

```
D  E  V  A  T  E  N  Á  C  T  U  Z  D  D
S  B  Z  K  C  Č  J  U  J  V  P  Z  E  E
A  T  Z  B  Á  T  P  C  P  I  F  R  S  V
D  V  A  L  N  R  Ě  F  T  S  E  Š  E  Ě
E  X  S  M  M  N  T  E  C  A  V  D  T  T
D  H  D  Y  D  Á  T  H  Á  I  B  Y  C  C
F  E  Z  A  E  C  F  G  N  A  T  V  Á  Á
M  O  S  O  S  T  P  S  I  Ř  T  O  N  N
F  M  D  E  S  Č  T  Y  Ř  I  V  S  A  T
L  E  Z  G  T  M  K  E  T  M  U  M  V  A
M  H  M  U  I  I  N  A  E  K  B  Y  D  P
N  L  J  F  C  R  N  Á  M  F  P  O  B  G
B  W  O  L  E  O  N  N  C  J  K  N  P  T
Š  E  S  T  N  Á  C  T  Ý  T  N  U  L  A
```

PĚT	ČTRNÁCT
DESETINNÝ	ČTYŘI
DEVATENÁCT	PATNÁCT
SEDMNÁCT	ŠESTNÁCT
OSMNÁCT	ŠEST
DESET	SEDM
DVANÁCT	TŘI
DVA	TŘINÁCT
DEVĚT	DVACET
OSM	NULA

18 - Cioccolato

```
B E W K J L A H O D N É F D
Z O T P N Ý K D A L S S D H
F E N E T F E I R O L A K K
K X A B S D Š H O R K Ý H V
A O D M Ó E Á W L P F J S A
K T I O Z N R Z T L J Y L L
A I X R B U P Ř Í S A D A I
O C O E S L C U K R P Í L T
T K I C V P Í D F S J Š L A
H Ý T E M F X B P R O A A P
R E N P S C D L E M A R A K
F T A T M W H B M N X A X V
V Ů N Ě T U U R O Ý C N C
Ř E M E S L N É Ť K O K O S
```

HORKÝ	SLADKÝ
ANTIOXIDANT	EXOTICKÝ
ARAŠÍDY	CHUŤ
VŮNĚ	PŘÍSADA
ŘEMESLNÉ	KOKOS
KAKAO	PRÁŠEK
KALORIF	OBLÍBENÝ
BONBÓN	KVALITA
KARAMEL	RECEPT
LAHODNÉ	CUKR

19 - Guida

```
F  P  O  L  I  C  I  E  L  S  P  S  R  B
D  Z  B  R  Z  D  Y  L  O  W  A  P  K  I
R  O  A  U  T  O  K  B  E  E  L  Ě  E  G
Y  V  P  M  G  O  E  E  X  M  I  Š  D  A
C  O  P  R  A  J  H  Z  C  Y  V  Í  P  U
H  R  M  W  A  P  O  P  G  I  O  C  L  T
L  P  P  B  W  V  A  E  H  E  N  E  Y  O
O  M  I  O  R  C  A  Č  T  C  S  L  N  B
S  M  W  B  I  I  P  N  W  N  B  E  I  U
T  T  E  X  R  A  D  O  H  E  N  N  V  S
E  H  U  G  O  L  W  S  I  C  L  U  G  R
M  O  T  O  R  M  Y  T  A  I  B  T  Z  W
J  N  M  O  T  O  C  Y  K  L  V  P  K  J
N  E  B  E  Z  P  E  Č  Í  G  A  R  Á  Ž
```

AUTO	MOTOR
AUTOBUS	PĚŠÍ
PALIVO	NEBEZPEČÍ
BRZDY	POLICIE
GARÁŽ	BEZPEČNOST
PLYN	SILNICE
NEHODA	PROVOZ
LICENCE	DOPRAVA
MAPA	TUNEL
MOTOCYKL	RYCHLOST

20 - I Media

```
M  I  M  Í  S  T  N  Í  O  X  O  V  S  C
R  V  N  N  Á  Z  O  R  S  N  L  R  V  Y
T  E  A  T  K  A  F  V  N  A  L  W  K  S
L  Ř  B  E  E  N  O  V  I  N  Y  I  C  H
K  E  E  D  H  L  S  Y  M  Ů  R  P  N  Z
R  J  T  I  O  B  E  X  S  Í  Ť  W  I  E
Á  N  A  C  T  H  S  K  F  O  T  K  Y  N
D  Ý  A  E  E  B  R  L  T  U  Z  N  R  B
I  E  W  V  G  N  F  O  K  U  X  D  P  P
O  Í  N  L  Á  T  I  G  I  D  Á  X  U  G
Í  N  Á  V  Á  L  Ě  D  Z  V  P  L  I  G
K  O  M  E  R  Č  N  Í  E  L  V  S  N  T
P  O  S  T  O  J  E  T  D  J  C  B  K  Í
F  I  N  A  N  C  O  V  Á  N  Í  G  T  T
```

POSTOJE	JEDINEC
KOMERČNÍ	PRŮMYSL
DIGITÁLNÍ	INTELEKTUÁLNÍ
EDICE	MÍSTNÍ
VZDĚLÁVÁNÍ	ONLINE
FAKTA	NÁZOR
FINANCOVÁNÍ	VEŘEJNÝ
FOTKY	RÁDIO
NOVINY	SÍŤ

21 - Forza e Gravità

```
D A P O D V Y A T S V E U M
M Y P O H Y B U L W L X N E
A H N M S U F V A P A P I C
G M T A H Í B O K L S A V H
N O S S M Č A H Z A T N E A
E T O O U I A P V N N Z R N
T N N F R X C S M E O E Z I
I O E Y T Y F K N T S H Á K
S S L Z N X V P Ý Y T W L A
M T Á I E T S F D J I T N K
U Y D K C U T Ř E N Í Í O
S H Z A R Y C H L O S T H L
Y S V E J B O T U L C P R M
M O T I N P C B J I J F U C
```

OSA
TŘENÍ
CENTRUM
DYNAMICKÝ
VZDÁLENOST
EXPANZE
FYZIKA
DOPAD
MAGNETISMUS
MECHANIKA

POHYB
OBÍHAT
HMOTNOST
PLANETY
TLAK
VLASTNOSTI
OBJEV
ČAS
UNIVERZÁLNÍ
RYCHLOST

22 - Caffè

```
B X Z V V H K A P A L I N A
T I S U O R B M H D Y L O N
F B N K D O K É L M N Y Č E
E T F I A D Ů R D O F P E C
S K Y S E L Ý K A O C L R R
C U K R R F F W Z I V I N Á
P B Z S Á J O P Á N F Ů Á N
I Ř T O H O R K Ý K U P P O
Y U Í R O F T O P O U F P A
T K X C P K L G B N E P Z W
Y R G B H R I D F P M I P B
V Ů N Ě P U F L K T E V Y V
J G I C H C Ť G M S W G L B
B P Í T V W A D F B F Y A F
```

KYSELÝ	MLÉKO
VODA	KAPALINA
HORKÝ	BROUSIT
VŮNĚ	RÁNO
PÍT	ČERNÁ
NÁPOJ	PŮVOD
KOFEIN	CENA
KRÉM	POHÁR
FILTR	ODRŮDA
PŘÍCHUŤ	CUKR

23 - Uccelli

```
V X N K Á Ň E M A L P N Z H
V O V Ť U B A L Z I W V O O
P R L R I Ř K E Š U O P A P
E X A A I B E P Z E Č Á V G
L X K B V G X G C O Á V T X
I T Č U E K E N G R P E A V
K U A L L C A V G E W N X I
Á K K O E C I B U L O H P N
N A U H R A C E K T H U S A
W N K P Š T R O S U V K Y J
K A C H N A Z R B Č E R H O
W K R L U U H Y E Ň J U J S
I N X R W D O P P Á C A Y Y
F G M Z R L Y X E K E G K T
```

VOLAVKA	PAPOUŠEK
KACHNA	VRABEC
OREL	PÁV
ČÁP	PELIKÁN
LABUŤ	HOLUB
HOLUBICE	TUČŇÁK
KUKAČKA	KUŘE
PLAMEŇÁK	PŠTROS
RACEK	TUKAN
HUSA	VEJCE

24 - Giorni e Mesi

```
Ú  N  O  R  Ř  K  E  S  Z  G  G  X  D  L
I  T  S  T  Í  N  A  Í  O  U  I  P  U  E
P  R  T  K  J  E  Č  L  P  B  X  D  B  D
Z  R  Ř  S  E  D  E  Ě  E  W  O  M  E  E
K  S  E  J  N  Ě  R  D  M  N  R  T  N  N
T  F  D  S  M  L  V  N  Y  F  D  B  A  S
P  Ý  A  T  J  E  E  O  Z  D  A  Á  O  R
R  Č  D  R  O  K  N  P  U  F  P  D  Ř  P
O  E  K  E  I  Y  E  W  J  J  O  P  J  E
S  R  Y  R  N  K  C  W  E  I  T  Á  E  N
I  V  W  H  R  K  Í  Ř  Á  Z  S  T  H  Z
N  E  V  B  L  C  S  N  Z  O  I  E  E  Y
E  N  E  R  F  L  Ě  Z  F  I  L  K  S  S
C  W  R  Y  P  A  M  Ú  T  E  R  Ý  E  B
```

SRPEN
ROK
DUBEN
KALENDÁŘ
PROSINEC
NEDĚLE
ÚNOR
LEDEN
ČERVEN
ČERVENEC

PONDĚLÍ
ÚTERÝ
STŘEDA
MĚSÍC
LISTOPAD
ŘÍJEN
SOBOTA
ZÁŘÍ
TÝDEN
PÁTEK

25 - Casa

```
U  P  I  K  P  Z  V  O  M  A  L  K  B  K
D  V  E  Ř  E  S  R  G  I  H  A  O  C  O
B  N  B  Y  C  P  I  C  L  A  M  Š  D  H
K  O  E  G  V  R  P  U  A  L  P  T  V  O
R  Z  K  D  K  C  Z  O  N  D  A  Ě  K  U
B  Y  Y  N  O  H  P  A  Ě  O  L  T  U  T
S  L  S  C  O  A  O  J  T  P  Z  O  C  E
M  K  O  B  E  R  E  C  S  D  A  L  H  K
S  P  O  D  K  R  O  V  Í  D  H  P  Y  G
T  T  K  N  I  H  O  V  N  A  R  M  N  W
T  O  R  G  A  R  Á  Ž  L  O  A  E  Ě  W
X  T  J  O  K  O  P  G  P  T  D  L  B  V
F  L  C  W  P  P  T  B  I  K  A  H  W  N
S  T  Ř  E  C  H  A  N  B  S  C  F  T  R
```

PODKROVÍ	STĚNA
KNIHOVNA	PODLAHA
POKOJ	DVEŘE
KRB	PLOT
KUCHYNĚ	KOHOUTEK
SPRCHA	KOŠTĚ
OKNO	STROP
GARÁŽ	ZRCADLO
ZAHRADA	KOBEREC
LAMPA	STŘECHA

26 - Ristorante #1

```
N E M H A P O M Á Č K A F F
H C Í N E N Z C M T V K K Z
U I N G R E D I E N C E E J
B N D R H I Ř Z G R J B S B
J Š A E W G Í U K E S M U R
Í Í L Z X R L N K M A S O H
D Č K E O E A E I C W K R N
L T O R Ě L T M K C L Á B Ů
O V P V N A R S B J V V U Ž
B C R A Y M E F Í F G A H Z
Y H J C H Y Z L P J P Z O W
F L R E C I E O M Í S A R G
X É I U U Z D Y T E H U W S
A B P I K A N T N Í C J O C
```

ALERGIE	INGREDIENCE
KÁVA	JÍST
ČÍŠNICE	MENU
MASO	CHLÉB
POKLADNÍ	TALÍŘ
JÍDLO	PIKANTNÍ
MÍSA	KUŘE
NŮŽ	REZERVACE
KUCHYNĚ	OMÁČKA
DEZERT	UBROUSEK

27 - Fantascienza

```
G A L A X I E K V F I A K Y
S V R V F V Z N Z Ý A L I T
F A N W E V U R U W B I N R
U E T A H B L S Z L E U O Y
T X Ň E H O I Z V T S U C J
U T R K N I H Y M Ě P D B H
R R M C W A I H W N T X I O
I É E I G O L O N H C E T M
S M N U M E I P O T S Y D X
T N R E A L I S T I C K Ý W
I Í F A N T A S T I C K Ý Y
C U T O P I E V Ě Š T E C C
K T A J E M N Ý V O M O T A
Ý J Y Z H R O B O T Y H B H
```

ATOMOVÝ
KINO
DYSTOPIE
VÝBUCH
EXTRÉMNÍ
FANTASTICKÝ
OHEŇ
FUTURISTICKÝ
GALAXIE
ILUZE

KNIHY
TAJEMNÝ
SVĚT
VĚŠTEC
PLANETA
REALISTICKÝ
ROBOTY
TECHNOLOGIE
UTOPIE

28 - Città

```
I  L  F  G  L  K  N  I  H  O  V  N  A  Z
H  D  A  T  A  E  B  G  V  K  M  S  N  O
T  R  B  J  R  L  T  T  P  I  A  U  R  O
P  J  Y  C  R  N  E  I  L  N  W  P  Á  A
L  É  K  Á  R  N  A  R  Š  O  E  E  K  G
B  A  N  K  A  P  M  X  I  T  B  R  E  O
K  L  I  N  I  K  A  B  U  E  Ě  M  P  B
M  D  U  S  T  A  D  I  Ó  N  V  A  C  C
M  U  Z  E  U  M  T  R  H  O  I  R  F  H
F  V  F  K  V  Ě  T  I  N  Á  Ř  K  X  O
D  I  V  A  D  L  O  O  L  Z  V  E  P  D
U  R  C  W  L  M  E  A  T  L  E  T  O  H
R  K  N  I  H  K  U  P  E  C  T  V  Í  A
U  N  I  V  E  R  Z  I  T  A  L  O  K  Š
```

LETIŠTĚ	TRH
BANKA	MUZEUM
KNIHOVNA	OBCHOD
KINO	PEKÁRNA
KLINIKA	ŠKOLA
LÉKÁRNA	STADIÓN
KVĚTINÁŘ	SUPERMARKET
GALERIE	DIVADLO
HOTEL	UNIVERZITA
KNIHKUPECTVÍ	ZOO

29 - Fattoria #1

```
K  R  Á  V  A  K  V  P  H  V  G  N  R  P
K  Ů  Ň  Y  J  O  S  K  S  E  N  O  X  R
I  G  G  G  S  Č  R  E  A  A  P  M  K  A
S  T  Á  D  O  K  Ý  L  M  V  G  Z  O  S
V  O  I  E  V  A  Ž  E  W  E  Č  R  Z  E
O  L  J  M  I  R  E  T  Z  M  N  E  A  R
D  P  C  G  J  L  X  K  J  R  V  A  L  T
A  B  E  A  O  X  I  R  U  S  Y  H  E  A
O  L  Y  H  N  I  P  M  C  Ř  L  V  S  H
P  E  S  D  H  K  X  Z  O  R  E  L  O  P
Z  E  M  Ě  D  Ě  L  S  T  V  Í  C  T  H
X  A  R  P  F  N  K  M  F  C  D  C  G  I
K  V  H  U  N  Y  M  N  O  M  L  N  Y  M
P  B  D  G  O  F  D  P  T  M  D  U  E  W
```

VODA	KOČKA
ZEMĚDĚLSTVÍ	STÁDO
VČELA	PRASE
OSEL	MED
POLE	KRÁVA
PES	KUŘE
KOZA	PLOT
KŮŇ	RÝŽE
HNOJIVO	SEMENA
SENO	TELE

30 - Psicologia

```
J  E  C  A  N  J  L  E  B  P  K  O  T  R
U  Z  B  F  Z  Á  N  G  L  W  Z  S  E  E
T  I  C  O  P  M  P  O  I  I  K  O  R  A
K  E  M  F  T  Z  X  A  J  W  U  B  A  L
I  L  M  X  Y  A  U  S  D  C  Š  N  P  I
L  G  I  O  F  T  W  A  M  Y  E  O  I  T
F  M  Í  N  Á  V  O  H  C  Z  N  S  E  A
N  Y  Z  H  I  V  T  N  D  X  O  T  L  O
O  B  P  Y  O  C  N  Í  V  T  S  T  Ě  D
K  E  M  O  C  E  K  Í  R  O  T  G  H  H
P  R  O  B  L  É  M  Ý  M  A  I  T  V  Z
N  E  V  Ě  D  O  M  Ý  J  Á  S  I  L  V
P  O  Z  N  Á  N  Í  K  V  V  N  T  W  W
P  O  D  V  Ě  D  O  M  Ý  V  L  Í  W  M
```

KLINICKÝ
POZNÁNÍ
CHOVÁNÍ
KONFLIKT
EGO
EMOCE
ZKUŠENOSTI
NÁPADY
NEVĚDOMÝ

DĚTSTVÍ
VNÍMÁNÍ
OSOBNOST
PROBLÉM
REALITA
POCIT
PODVĚDOMÝ
TERAPIE

31 - Paesaggi

```
P  I  P  S  W  L  P  O  Ě  J  P  H  Ú  P
L  U  O  B  O  M  T  G  N  P  O  G  D  H
Á  Y  L  X  S  P  E  K  Y  N  U  D  O  O
Ž  N  O  F  W  B  K  G  K  Á  Š  D  L  R
H  U  O  E  U  U  K  A  S  E  Ť  Á  Í  A
F  E  S  A  M  Y  Z  C  E  C  Ř  P  U  G
E  H  T  Z  F  N  G  E  J  O  X  O  D  E
O  X  R  I  Z  S  N  P  J  W  S  D  M  J
M  A  O  F  S  Z  A  O  A  S  L  O  A  Z
Y  N  V  G  J  A  M  K  R  Ř  G  V  I  Í
M  Y  N  S  L  T  H  T  D  E  A  P  G  R
L  E  D  O  V  E  C  K  N  K  Z  T  O  H
B  A  Ž  I  N  A  K  M  U  A  Á  E  Y  A
Y  J  O  L  B  V  O  R  T  S  O  E  J  N
```

VODOPÁD	MOŘE
KOPEC	HORA
POUŠŤ	OÁZA
DUNY	OCEÁN
ŘEKA	BAŽINA
GEJZÍR	POLOOSTROV
LEDOVEC	PLÁŽ
JESKYNĚ	TUNDRA
OSTROV	ÚDOLÍ
JEZERO	SOPKA

32 - Energia

```
Ý  X  Z  Z  T  T  U  P  R  Ů  M  Y  S  L
E  N  T  R  O  P  I  E  B  O  Y  C  G  O
E  O  R  V  I  R  U  Ý  H  H  T  S  J  B
L  T  G  E  K  W  X  K  L  E  D  O  E  N
E  O  P  L  D  R  E  C  P  Á  R  A  M  O
K  F  W  M  O  A  Z  I  Z  Y  R  T  Í  V
T  U  H  L  Í  K  J  R  U  B  M  F  W  I
R  V  O  D  Í  K  G  T  U  E  C  A  P  T
O  L  P  E  T  P  N  K  I  N  C  N  B  E
N  V  E  O  N  X  A  E  K  Z  B  E  A  L
B  A  T  E  R  I  E  L  E  Í  S  N  G  N
T  U  R  B  Í  N  A  E  I  N  S  I  V  Ý
O  G  F  S  L  U  N  C  E  V  J  D  K  K
Z  N  E  Č  I  Š  T  Ě  N  Í  O  G  V  J
```

BATERIE	VODÍK
BENZÍN	PRŮMYSL
TEPLO	ZNEČIŠTĚNÍ
UHLÍK	MOTOR
PALIVO	JADERNÝ
NAFTA	OBNOVITELNÝ
ELEKTRICKÝ	SLUNCE
ELEKTRON	TURBÍNA
ENTROPIE	PÁRA
FOTON	VÍTR

33 - Ristorante #2

```
O  K  U  L  S  K  Z  Z  O  R  Y  B  A  N
Č  V  F  P  Ů  O  E  J  B  O  B  B  S  F
S  Í  O  U  L  Ř  L  V  Ě  V  C  O  H  A
X  L  Š  C  W  E  E  H  D  V  O  D  A  Z
B  R  D  N  E  N  N  Z  E  Z  B  W  N  X
C  C  O  W  Í  Í  I  D  L  K  O  I  P  B
D  O  R  T  O  K  N  V  J  B  B  T  Ř  V
E  U  G  V  W  Y  A  I  J  K  A  Á  E  E
L  I  P  C  K  É  N  D  O  H  A  L  D  Č
D  Ž  V  E  J  C  E  L  P  H  P  A  K  E
I  F  Í  T  B  F  A  I  Á  S  L  S  R  Ř
Ž  L  M  C  B  G  Y  Č  N  B  B  Z  M  E
U  G  B  G  E  K  W  K  B  G  C  Z  A  X
O  J  M  A  P  P  R  A  K  V  É  L  O  P
```

VODA	SALÁT
PŘEDKRM	POLÉVKA
NÁPOJ	RYBA
ČÍŠNÍK	OBĚD
VEČEŘE	SŮL
LŽÍCE	ŽIDLE
LAHODNÉ	KOŘENÍ
VIDLIČKA	DORT
OVOCE	VEJCE
LED	ZELENINA

34 - Moda

```
T  R  E  N  D  J  S  K  R  O  M  N  Ý  P
P  C  K  S  T  P  K  E  Z  R  Y  Z  H  O
P  Ů  D  K  Y  T  B  R  O  Z  V  T  C  H
R  T  V  A  K  T  Í  Č  A  L  T  D  U  O
A  G  K  O  Z  O  H  G  I  J  E  Z  D  D
K  Y  P  A  D  B  U  T  I  K  K  C  O  L
T  G  D  H  N  N  J  D  H  W  A  N  N
I  P  L  G  A  I  Í  N  E  Ř  Ě  M  D  Ý
C  U  S  M  K  L  N  L  X  M  G  H  E  S
K  C  S  N  V  Ý  H  A  R  D  Z  S  J  I
Ý  S  O  F  I  S  T  I  K  O  V  A  N  Ý
Z  F  M  R  Š  D  X  V  S  T  Y  L  C  J
K  N  E  G  Ý  R  B  M  O  D  E  R  N  Í
U  E  W  X  V  E  L  E  G  A  N  T  N  Í
```

BUTIK	KRAJKA
DRAHÝ	PRAKTICKÝ
POHODLNÝ	TLAČÍTKA
ELEGANTNÍ	VÝŠIVKA
MĚŘENÍ	JEDNODUCHÝ
VZOR	SOFISTIKOVANÝ
MODERNÍ	STYL
SKROMNÝ	TREND
PŮVODNÍ	TKANINA

35 - L'Azienda

```
U  K  R  O  Z  H  O  D  N  U  T  Í  E  P
S  W  V  J  Í  R  T  R  E  N  D  Y  C  O
N  L  A  A  N  V  E  C  G  S  J  C  I  K
Y  U  F  W  L  V  Ý  V  I  Ř  O  V  T  R
D  E  T  H  Á  I  U  N  U  I  P  G  S  O
Z  J  I  Í  N  H  T  Z  O  O  R  L  E  K
M  O  Ž  N  O  S  T  A  J  S  Ů  O  V  Z
Z  R  U  Č  I  U  L  F  C  M  M  B  N  L
Z  D  J  A  S  C  S  D  C  D  Y  Á  I  P
X  Z  R  V  E  M  I  T  L  H  S  L  P  T
C  A  P  O  F  J  V  D  K  Z  L  N  O  C
D  T  X  N  O  R  I  Z  I  K  A  Í  F  A
L  R  P  I  R  N  Y  P  R  O  D  U  K  T
E  K  E  N  P  P  O  V  Ě  S  T  G  Z  P
```

TVOŘIVÝ	POKROK
ROZHODNUTÍ	KVALITA
GLOBÁLNÍ	VÝNOS
PRŮMYSL	POVĚST
INOVAČNÍ	RIZIKA
INVESTICE	ZDROJE
MOŽNOST	MZDY
PRODUKT	TRENDY
PROFESIONÁLNÍ	

36 - Giardino

```
R U P L O T B Z V Í N O K N
M Y Ě T A M G A A S A R E T
G I B X J S A H V H L B Ř P
L W Á N K L R R Á S T R O M
S L R O Í E Á A R L B B G O
N A H U N K Ž D T O I M H E
H O D O V H S A P P C T K M
Y A H O Á C N Y Ů A W D V B
C U D A R B Z C D T V C Ě A
U N D I T B L D A A F M T B
T P G E C I V A L V U N I Z
X J W Z L E V E L P E A N G
Y D H O U P A C Í S Í T A E
O E T R A M P O L Í N A K L
```

STROM	LAVICE
HOUPACÍ SÍT	TRÁVNÍK
KEŘ	HRÁBĚ
TRÁVA	PLOT
PLEVEL	RYBNÍK
KVĚTINA	PŮDA
SAD	TERASA
GARÁŽ	TRAMPOLÍNA
ZAHRADA	HADICE
LOPATA	VÍNO

37 - Frutta

```
C B H F O Ň O K L B A J E Ý
H R R S H E X T M S A D G V
T O O M M Š I P Z K F N C O
P S Z E C E V Y I I S M Á Ž
A K E R C Ř Y E N W P G N N
P E N U E T V L S I W O C A
Á V D Ň T A B U E T C G I R
J C V K V X D B U Z K N T O
A D E A F N U O L E M A R M
H R U Š K A J B S J O M O A
O S T R U Ž I N A C X D N L
O D Á K O V A N A N A S F I
X T F P A K N I R A T K E N
H M F E Y G O I T H S O A A
```

MERUŇKA	MANGO
ANANAS	JABLKO
ORANŽOVÝ	MELOUN
AVOKÁDO	OSTRUŽINA
BOBULE	NEKTARINKA
BANÁN	PAPÁJA
TŘEŠEŇ	HRUŠKA
KIWI	BROSKEV
MALINA	ŠVESTKA
CITRON	HROZEN

38 - Fattoria #2

```
V L N K U L Ú L W W E V Z J
C X B P M P A S T Ý Ř O E E
D S H U S Y M E L W D K M H
M Y U V C P B L I X A A Ě N
J E Č M E N Š F É L K C D Ě
A B C R M C H E O K U H Ě Č
A E U V B S V S N N O N L Í
T S S I O L D Í J I L A E S
K U K U Ř I C E Z N C B C T
Z A V L A Ž O V Á N Í E O O
G M R D T R A K T O R E V D
J A T A Ř Í V Z P Y W O O O
G L P S M K F A F W U K C L
T V P E I J N P U S I H E A
```

JEHNĚČÍ	ZAVLAŽOVÁNÍ
ZEMĚDĚLEC	LAMA
ÚL	MLÉKO
KACHNA	KUKUŘICE
ZVÍŘATA	HUSY
JÍDLO	JEČMEN
STODOLA	PASTÝŘ
OVOCE	OVCE
SAD	LOUKA
PŠENICE	TRAKTOR

39 - Verdure

```
V H H I O L D X H Z V G S Š
L K A E W S Ý F K P N G B A
I T Z C A A N E O V I I Y L
L B Á I E R Ě M Č E N O V O
E R Z L C B B A Y K W F B T
K A V O A B P E T R Ž E L K
S M O K G S G L R M D A X A
H B R O M C P O A X K K S V
R O H R T Č E H O U B A R A
Á R E B U X E L U B I C D M
Š R J C Ř M L S E Č J A R R
E O S X Í R U M N R I I V Z
K R T Á N E P Š V E K D E Ř
T H X T F S A K R U K O P I
```

ČESNEK	HRÁŠEK
BROKOLICE	RAJČE
ARTYČOK	PETRŽEL
MRKEV	TUŘÍN
OKURKA	ŘEDKEV
CIBULE	ŠALOTKA
HOUBA	CELER
SALÁT	ŠPENÁT
LILEK	ZÁZVOR
BRAMBOR	DÝNĚ

40 - Musica

```
H  T  M  R  J  N  M  P  O  B  L  A  H  G
L  A  H  S  Y  G  V  U  P  A  Y  L  U  Z
O  V  R  U  M  T  J  F  E  L  R  B  D  P
H  Í  M  M  J  E  M  Z  R  A  I  U  E  Ě
J  P  N  T  O  I  G  I  A  D  C  M  B  V
I  Z  J  Y  R  N  E  Ý  C  A  K  H  N  Á
N  S  T  R  T  O  I  K  A  K  Ý  U  Í  K
O  A  Z  A  S  M  D  C  X  G  Ý  D  R  A
F  G  H  P  Á  R  O  I  K  Y  V  E  E  A
O  Y  C  R  N  A  L  T  G  Ý  O  B  F  L
R  T  W  V  Á  H  E  E  S  G  S  N  R  E
K  X  Z  N  I  V  M  O  M  J  A  Í  É  E
I  I  L  P  I  A  K  P  F  I  L  K  N  P
M  V  Ý  K  C  I  S  A  L  K  H  L  D  W
```

ALBUM	MIKROFON
HARMONIE	HUDEBNÍ
HARMONICKÝ	HUDEBNÍK
BALADA	OPERA
ZPĚVÁK	POETICKÝ
ZPÍVAT	NAHRÁVKA
KLASICKÝ	RYTMICKÝ
REFRÉN	RYTMUS
LYRICKÝ	NÁSTROJ
MELODIE	HLASOVÝ

41 - Barbecue

```
K U Ř E O H C I B U L E H O
E Ř E Č E V O Y P D Ů N U M
W L K D Ě B O R N R S Z D Á
G J O H L A D C K U O S B Č
B L S S Z S O V E Ý I X A K
T I U J K O I A Ž I E E A A
L M M M X G S P O Z V Á N Í
O F J O V F A U N A G T I I
R I W C M A L R F Y Y B D L
Z O B I E T Á G M V E D O Y
W J Í D L O T P R O B X R M
P E P Ř W J Y V M I L É T O
W Y A E Z M R E G O L N M Z
N I A C U Y H R A J Č A T A
```

HORKÝ

VEČEŘE

JÍDLO

CIBULE

NOŽE

LÉTO

HLAD

RODINA

OVOCE

HRY

GRIL

SALÁTY

POZVÁNÍ

HUDBA

PEPŘ

KUŘE

RAJČATA

OBĚD

SŮL

OMÁČKA

42 - Fisica

```
M O T O R V F C L P W C J U
M E C H A N I K A K L C K N
R E L A T I V I T A T Y V I
V C O L O Z C O C F D Z N V
P A P U T V R I K H Y K X E
V T A K S C P Y Y R A B Y R
Z I T E U O C A C F K O B Z
O V L L H B S N V H R Z S Á
R A N O R T K E L E L F S L
E R V M O T A E T U M E W N
C G J A D E R N Ý U L F N Í
C H E M I C K Ý F Y J C E Í
L Z C Y E E X P A N Z E E J
M A G N E T I S M U S F G B
```

ZRYCHLENÍ
ATOM
CHAOS
CHEMICKÝ
HUSTOTA
ELEKTRON
EXPANZE
VZOREC
PLYN

GRAVITACE
MAGNETISMUS
MECHANIKA
MOLEKULA
MOTOR
JADERNÝ
RELATIVITA
UNIVERZÁLNÍ

43 - Erboristeria

```
P H E L K Y N E F J I Y A O
Š Ř Z U O B A Z A L K A R R
A G Í E P H M N T B R Z O E
F G H S R H N I G E E P M G
R N O G A R T S E I U B A A
Á C N V N D Z E L E N Á T N
N K Ý L I R A I E R L O I O
T K R L T R X E Ž I C Z C I
J Y A B Ě A D A R H A Z K S
Y U M T V M H R T U T W Ý Y
G R Z I K E N S E Č Á X I O
K B O U Á W W E P X M O U V
E S R X D N K V A L I T A H
C K U L I N Á Ř S K É I O I
```

ČESNEK
KOPR
AROMATICKÝ
BAZALKA
KULINÁŘSKÉ
ESTRAGON
FENYKL
KVĚTINA
ZAHRADA

PŘÍSADA
MÁTA
OREGANO
PETRŽEL
KVALITA
ROZMARÝN
TYMIÁN
ZELENÁ
ŠAFRÁN

44 - Attività Commerciale

```
P E K A N C E L Á Ř J O U Y
B Ř O R C I Z I P R O D E J
T C Í D G T Í N M G J I J L
Í O H J M A N H D O H C B O
Ž E B N E V E Y I Z N K W C
O C R T A M P Y R G Y O T R
B K S I Z T X D M R N L K T
Z A M Ě S T N A V A T E L E
T S W V B S M L S G V T D Č
A N R Á V O T K X L W X E O
X A N Ě M W N Á L U E O Z P
A R É I R A K N M J N V M Z
M T F I N A N C E N X C A O
Z A M Ě S T N A N E C O U R
```

ROZPOČET	OBCHOD
KARIÉRA	ZISK
NÁKLADY	PŘÍJEM
ZAMĚSTNAVATEL	SLEVA
ZAMĚSTNANEC	PENÍZE
EKONOMIE	TRANSAKCE
TOVÁRNA	KANCELÁŘ
FINANCE	MĚNA
ZBOŽÍ	PRODEJ

45 - Fiori

```
O Y H B S G K K Í Ř E Š E I
L E E P L N A P Y U V K Z B
P L H T U X R R Y T E P O I
H A E S N O P H D E I F J Š
C N J G E I H T C É X C R E
W A I J Č J J S A K N E E K
E L U D N A V E L F Í I W P
M M Á K I S O Z C S M L E L
A U D W C L I L I E S Ó Ž U
K B Č L E C M M I F A N Ů M
Z J J E D I H C R O J G R E
X P O T N A M G N H F A R R
B L G E A K Ň O V I P M H I
V W J J T K A N A R C I S A
```

GARDÉNIE   NARCIS
JASMÍN   ORCHIDEJ
LILIE   MÁK
SLUNEČNICE   MUČENKA
IBIŠEK   PIVOŇKA
LEVANDULE   PLUMERIA
ŠEŘÍK   RŮŽE
MAGNÓLIE   JETEL
KYTICE

46 - Filantropia

```
A  F  L  I  D  S  T  V  O  V  U  U  I  K
T  S  O  R  D  Ě  T  Š  F  E  O  Z  W  O
I  S  R  N  P  U  F  G  I  Ř  O  S  M  N
R  E  H  T  D  O  G  E  K  E  Y  G  I  T
A  V  L  H  W  Y  C  C  P  J  M  D  S  A
H  P  P  I  T  Ě  D  T  C  N  A  C  E  K
C  J  W  P  D  Y  S  K  I  Ý  R  Í  E  T
E  U  Y  E  H  É  W  K  E  V  G  L  I  Y
C  P  O  T  Ř  E  B  A  C  R  O  E  R  V
W  G  K  S  K  U  P  I  N  Y  R  S  O  Z
G  L  O  B  Á  L  N  Í  A  V  P  G  T  Ý
D  T  O  P  F  B  S  X  N  U  R  E  S  V
I  I  M  T  F  J  D  A  I  I  S  O  I  M
M  L  Á  D  Í  A  N  F  F  T  I  C  H  Y
```

DĚTI   MISE
POTŘEBA   CÍLE
CHARITA   POCTIVOST
KONTAKTY   LIDÉ
FINANCE   PROGRAMY
FONDY   VEŘEJNÝ
ŠTĚDROST   VÝZVY
MLÁDÍ   HISTORIE
GLOBÁLNÍ   LIDSTVO
SKUPINY

47 - Ecologia

```
V  B  D  K  F  H  N  X  B  D  E  U  S  A
Y  E  H  T  S  O  T  I  N  A  M  Z  O  R
Í  A  G  F  W  R  K  L  I  M  A  D  K  Ó
K  N  E  E  A  Y  C  B  G  L  U  U  G  L
Y  P  D  M  T  U  A  A  V  W  D  G  S  F
L  Á  Č  O  M  A  N  A  D  O  R  Í  Ř  P
E  D  P  Ř  R  Y  C  A  G  P  Ž  D  O  Z
E  J  Y  S  I  Í  A  E  L  Ř  I  R  D  D
A  D  U  K  T  B  Ř  K  O  E  T  U  R  R
I  A  L  Ý  D  P  Y  P  B  Ž  E  H  Ů  O
R  O  S  T  L  I  N  Y  Á  I  L  R  D  J
K  O  M  U  N  I  T  Y  L  T  N  D  A  E
E  S  U  C  H  O  M  A  N  Í  Ý  J  H  B
Z  A  J  B  T  S  P  Z  Í  V  J  E  H  N
```

KLIMA	MOČÁL
KOMUNITY	ROSTLINY
ROZMANITOST	ZDROJE
FAUNA	SUCHO
FLÓRA	PŘEŽITÍ
GLOBÁLNÍ	UDRŽITELNÝ
MOŘSKÝ	DRUH
HORY	ODRŮDA
PŘÍRODA	VEGETACE
PŘÍRODNÍ	

48 - Discipline Scientifiche

```
P  A  T  E  D  L  B  C  H  E  M  I  E  F
P  S  F  C  U  A  K  I  N  A  H  C  E  M
M  E  Y  E  I  M  O  N  O  R  T  S  A  V
B  I  N  C  U  E  I  G  O  L  O  E  G  W
I  G  N  Z  H  P  K  E  S  L  O  I  A  E
O  O  C  E  Y  O  U  I  P  P  B  G  K  B
C  L  R  S  R  Z  L  G  P  L  A  O  I  V
H  O  V  A  G  A  P  O  X  B  H  L  N  E
E  I  J  G  J  M  L  L  G  T  A  O  A  V
M  Z  B  K  G  L  W  O  A  I  J  I  T  S
I  Y  O  X  R  F  P  K  G  F  E  C  O  R
E  F  J  L  Z  N  B  E  U  I  H  O  B  R
I  M  U  N  O  L  O  G  I  E  E  S  D  C
T  E  R  M  O  D  Y  N  A  M  I  K  A  G
```

ASTRONOMIE   GEOLOGIE
BIOCHEMIE   IMUNOLOGIE
BIOLOGIE   MECHANIKA
BOTANIKA   MINERALOGIE
CHEMIE   PSYCHOLOGIE
EKOLOGIE   SOCIOLOGIE
FYZIOLOGIE   TERMODYNAMIKA

49 - Scienza

```
G  P  Ř  Í  R  O  D  A  S  U  W  Ý  L  K
R  L  Z  R  A  V  C  F  K  Z  K  K  A  J
A  M  I  L  K  W  H  I  U  O  E  C  B  A
V  L  B  N  E  U  L  A  T  A  D  I  O  T
I  I  U  C  Y  L  Á  R  E  N  I  M  R  O
T  F  T  U  S  U  M  R  Č  B  I  E  A  M
A  M  Y  D  J  A  E  G  N  O  M  H  T  R
C  P  O  Z  V  D  Z  T  O  E  A  C  O  P
E  V  D  L  I  R  V  L  S  C  A  G  Ř  C
E  Y  Ý  O  E  K  X  F  T  I  D  X  N  K
I  R  B  V  E  K  A  Z  É  T  O  P  Y  H
G  F  O  O  O  A  U  B  P  S  T  I  J  S
O  R  K  S  K  J  L  L  D  Á  E  O  T  X
F  O  S  I  L  I  E  U  Y  Č  M  Y  C  E
```

ATOM	GRAVITACE
CHEMICKÝ	HYPOTÉZA
KLIMA	LABORATOŘ
DATA	METODA
VÝVOJ	MINERÁLY
SKUTEČNOST	MOLEKULY
FYZIKA	PŘÍRODA
FOSILIE	ČÁSTICE

50 - Acqua

```
Y  Z  N  Ň  V  J  E  Z  E  R  O  G  F  B
P  O  C  E  L  L  N  Z  C  L  N  E  R  G
Z  A  O  D  H  Í  N  S  H  X  C  J  I  O
S  F  P  O  K  M  R  Á  Z  R  E  Z  K  P
Í  N  Á  V  O  Ž  A  L  V  A  Z  Í  O  V
F  U  S  O  S  D  É  Š  Ť  G  A  R  Z  H
L  Z  X  P  T  K  A  N  Á  L  G  X  H  U
Y  N  U  H  O  Y  Y  H  P  C  X  K  Z  R
A  O  L  V  K  N  Á  E  C  O  C  K  V  I
S  M  E  Ř  D  L  W  P  F  R  P  R  L  K
K  O  D  O  E  V  B  Á  F  Y  P  J  H  Á
P  I  T  N  Ý  K  W  R  L  N  U  S  K  N
A  F  Y  C  U  C  A  A  D  I  Z  T  Ý  M
V  Y  P  A  Ř  O  V  Á  N  Í  B  V  Z  R
```

POVODEŇ	MONZUN
KANÁL	SNÍH
SPRCHA	OCEÁN
VYPAŘOVÁNÍ	VLNY
ŘEKA	DÉŠŤ
MRÁZ	PITNÝ
GEJZÍR	VLHKOST
LED	VLHKÝ
ZAVLAŽOVÁNÍ	HURIKÁN
JEZERO	PÁRA

51 - Imbarcazioni

```
K Z E C I V U N D O G W N P
P O M O Ř E O N Á K K T Á L
O B T B Ó J E V P A T R M A
S O K V L B E H P I C A O C
Á X E H A W P V O R N J Ř H
D Z Í V D D J L A N O E N E
K R F N M O T O R O Ř K Í T
A I B A Ř K A J A K E T K N
J E Z E R O D S R S K O W I
U K E D M V M L J T A C A C
P Ř Í L I V L Á S O C E E E
J A C H T A W N N Ž H Á G I
T O C B O S S C Y Á E N Z S
D N W E X G D C I R V S M K
```

STOŽÁR	MOŘE
KOTVA	PŘÍLIV
PLACHETNICE	NÁMOŘNÍK
BÓJE	MOTOR
KÁNOE	NÁMOŘNÍ
LANO	OCEÁN
POSÁDKA	VLNY
ŘEKA	TRAJEKT
KAJAK	JACHTA
JEZERO	VOR

52 - Chimica

```
K A E A N I L A P A K Y P A
V V L Ů S C W H O L P E T L
M L E M T T P E V W Y S L K
O Ý K C I N A G R O C N Z A
L V T K Y S E L I N A G J L
E O R O T Á Z Y L A T A K I
K M O K F J S Z T C N M S C
U O N J Y H M O T N O S T K
L T C A U S F K R G I S J É
A A H D M H L H L E N Z Y M
O S L E T R L Í S Z L L W I
Z E Ó R E N O Í K E E H S Z
S S R N R N K N K Í D O V K
H S U Ý T E P L O T A N Z U
```

KYSELINA
ALKALICKÉ
ATOMOVÝ
TEPLO
UHLÍK
KATALYZÁTOR
CHLÓR
ELEKTRON
ENZYM
PLYN

VODÍK
IONT
KAPALINA
MOLEKULA
JADERNÝ
ORGANICKÝ
KYSLÍK
HMOTNOST
SŮL
TEPLOTA

53 - Api

```
F C E U E D P U J F H V F P
K J D K K D P F T A N X O Ř
I J K V O L D Í J O R F A Í
S P P O S T E W E N W T T Z
L K M X Y H M Y Z R J M Z N
U O K O S A D A R H A Z T I
N U H S T Y N I L T S O R V
C Ř V A É T I V F C Y F A Ý
E B O F M E Y X O G O G L Y
W J S C H D V P Y L J G D K
X T K O V O C E K S Á U Í D
R O Z M A N I T O S T R Ř K
E C P E E V Y N I T Ě V K R
K V Ě T B Ú L S N E G H A C
```

KŘÍDLA
ÚL
PŘÍZNIVÝ
VOSK
JÍDLO
ROZMANITOST
EKOSYSTÉM
KVĚTINY
KVĚT
OVOCE

KOUŘ
ZAHRADA
HMYZ
MED
ROSTLINY
PYL
KRÁLOVNA
ROJ
SLUNCE

54 - Strumenti Musicali

```
F M B A Z N R U A N G T O B
U A E H O C V O R O Z O A A
F R N A C Z S S I F K G N I
L I D R O P I N R O S A Í G
É M Ž F H O B O J X E F L H
T B O A T E N I R A L K O O
N A E G R P Z W N S D D D U
A N Í R U B M A T L E E N S
P M P F B K Y T A R A K A L
G P E L K O P E B J C X M E
D M D W A H A R M O N I K A
B U B E N U O Z O P C K I B
K L A V Í R H F V C T H F H
V I O L O N C E L L O S P M
```

HARMONIKA	HOBOJ
HARFA	POKLEP
BENDŽO	KLAVÍR
KYTARA	SAXOFON
KLARINET	TAMBURÍNA
FAGOT	BUBEN
FLÉTNA	TRUBKA
GONG	POZOUN
MANDOLÍNA	HOUSLE
MARIMBA	VIOLONCELLO

55 - Professioni #2

```
V A T S I V G N I L E K F L
Y I S Z O O L O G B F T Z A
N N V T L F S O L Ř A K É L
Á Ž A O R G Ř H E Y R L L D
L E T L O O Á J T C G D I N
E N N I T L N F I L O Z O F
Z Ý F P Á O I A Č S T A P E
C R Z S R I V D U Y O J V V
E N U L T B O Z X T F K J E
I W B U S B N M A L Í Ř L P
G Z A C U Z A H R A D N Í K
X V Ř H L K N I H O V N Í K
P D T E I C H I R U R G E M
W F V Ý Z K U M N Í K M S Z
```

ASTRONAUT
KNIHOVNÍK
BIOLOG
CHIRURG
ZUBAŘ
FILOZOF
FOTOGRAF
ZAHRADNÍK
NOVINÁŘ
ILUSTRÁTOR

INŽENÝR
UČITEL
VYNÁLEZCE
LINGVISTA
LÉKAŘ
PILOT
MALÍŘ
VÝZKUMNÍK
ZOOLOG

56 - Letteratura

```
S  U  M  T  Y  R  L  L  R  Y  L  T  M  D
I  R  R  Y  J  P  G  M  X  J  A  Y  E  U
P  N  O  Ž  Á  N  R  V  A  V  N  A  T  U
O  E  N  V  C  O  C  G  D  L  A  N  A  S
P  U  X  M  N  B  Á  S  E  Ň  L  E  F  N
P  O  I  B  Y  Á  M  T  I  Ž  Ý  K  O  Á
A  U  T  O  R  K  N  D  S  I  Z  D  R  Z
T  V  L  S  O  B  Á  Í  W  V  A  O  A  O
U  É  M  D  R  O  M  F  Z  O  X  T  T  R
W  T  M  Ý  R  K  O  M  Á  T  W  A  X  U
G  O  L  A  I  D  R  F  V  O  A  C  F  J
A  N  A  L  O  G  I  E  Ě  P  E  E  T  T
P  O  E  T  I  C  K  Ý  R  I  F  T  K  D
T  R  A  G  É  D  I  E  E  S  A  G  E  M
```

ANALÝZA	METAFORA
ANALOGIE	NÁZOR
ANEKDOTA	BÁSEŇ
AUTOR	POETICKÝ
ŽIVOTOPIS	RÝM
ZÁVĚR	RYTMUS
SROVNÁNÍ	ROMÁN
POPIS	STYL
DIALOG	TÉMA
ŽÁNR	TRAGÉDIE

57 - Cibo #2

```
M M U W B A N Á N P V I M Z
U C E L E R S C C Š W D V D
G U N N D T A H N E Z O R H
Y Y X F N P D S O N H K X U
C C W U F V Á Z D I W I K T
L C E M B É L H C C R Ý Ž E
E C I L O K O R B E X H T Č
K L L I L E K J F T G O V J
Y E V N M E O G A K N U Š A
N O I E S G Č L K B A B Y R
A X B V J Ý G W U L L A V A
O Y K A Z C R H Ř R V K N J
D X K B X Ň E Š E Ř T O O Y
C H P J O G U R T O R W B K
```

BANÁN	CHLÉB
BROKOLICE	RYBA
TŘEŠEŇ	KUŘE
ČOKOLÁDA	RAJČE
SÝR	ŠUNKA
HOUBA	RÝŽE
PŠENICE	CELER
KIWI	VEJCE
JABLKO	HROZEN
LILEK	JOGURT

58 - Nutrizione

```
Ž L O X I P D I R A H C A S
N I W I Z D R A V Ý L I J T
K G V N C H U Ť K W F U E R
H A T I L A V K N Č L B D A
M H L X N U D H Y V Á V L V
O Y K O D A Y P V Z W M Ý A
T N Í T R M Z X V M Z N O P
N I V Y N I L A P A K Í H L
O E A P Í N E Ř O K U M B U
S T R Á V E N Í N E Š A V K
T O D L W W Z U J R S T W R
Z R Z F I U T C J H X I J I
B P H O R K Ý N E Ž Á V Y V
M X B I J O W M R F W N Z K
```

HORKÝ
CHUŤ
VYVÁŽENÝ
KALORIE
SACHARID
JEDLÝ
STRAVA
TRÁVENÍ
KVAŠENÍ
KAPALINY

ŽIVINA
HMOTNOST
PROTEINY
KVALITA
OMÁČKA
ZDRAVÍ
ZDRAVÝ
KOŘENÍ
TOXIN
VITAMÍN

59 - Matematica

```
S  F  O  R  O  V  N  O  B  Ě  Ž  N  Í  K
K  Z  B  Z  L  O  M  E  K  A  W  R  P  Í
H  D  D  Ý  Z  F  I  R  K  R  U  O  P  N
D  L  É  N  E  C  V  J  U  I  R  V  O  L
Z  T  L  N  C  S  R  H  E  T  O  N  L  E
A  T  N  I  D  R  Ě  E  K  M  V  O  Y  H
S  N  Í  T  S  Ě  M  Á  N  E  N  B  G  Ú
F  Y  K  E  R  M  O  O  W  T  I  Ě  O  J
S  D  M  S  T  Ů  L  B  D  I  C  Ž  N  O
C  O  O  E  W  R  O  J  B  C  E  N  F  R
D  V  U  D  T  P  P  E  Z  K  M  Ý  O  T
O  B  P  Č  K  R  T  M  I  Ý  Ú  H  L  Y
C  O  U  B  E  D  I  D  I  V  I  Z  E  J
C  M  P  K  B  T  N  E  N  O  P  X  E  H
```

ÚHLY	OBVOD
ARITMETICKÝ	POLYGON
DESETINNÝ	NÁMĚSTÍ
PRŮMĚR	POLOMĚR
DIVIZE	OBDÉLNÍK
ROVNICE	SYMETRIE
EXPONENT	SOUČET
ZLOMEK	TROJÚHELNÍK
ROVNOBĚŽNÝ	OBJEM
ROVNOBĚŽNÍK	

60 - Meditazione

```
D  Ý  C  H  Á  N  Í  Š  M  E  R  I  G  X
V  U  P  J  C  B  N  A  T  Y  M  I  E  H
D  M  S  A  F  Y  V  U  C  Ě  S  O  A  Í
Ě  L  R  S  Z  A  E  R  O  I  S  L  C  T
Č  Č  X  N  A  X  Š  H  S  P  Z  T  I  E
N  E  P  O  L  N  U  H  N  U  T  Í  Í  J
O  T  Y  S  C  B  D  Y  N  H  D  B  F  I
S  K  E  T  S  O  N  R  O  Z  O  P  U  Ř
T  M  Y  Š  L  E  N  K  Y  X  U  R  F  P
L  A  S  K  A  V  O  S  T  I  C  U  O  S
S  B  U  K  L  I  D  N  I  T  F  L  P  E
A  D  O  R  Í  Ř  P  K  W  X  X  N  F  I
Z  U  S  Í  P  O  Z  O  R  O  V  Á  N  Í
T  H  N  M  W  L  A  E  F  R  K  K  M  J
```

PŘIJETÍ   MYSL
POZORNOST   HNUTÍ
UKLIDNIT   HUDBA
JASNOST   PŘÍRODA
SOUCIT   POZOROVÁNÍ
EMOCE   MÍR
ŠTĚSTÍ   MYŠLENKY
LASKAVOST   DÝCHÁNÍ
VDĚČNOST   UMLČET
DUŠEVNÍ

61 - Antiquariato

```
A A T O N D O H S H K E Í A
S T A V B S T A R Ý V L N L
I X B N K N T T U H A E V C
G U M Ý L M O V W E L G I P
G T X K S G R V K K I A T S
U F C C T G M Y E J T N A T
D M L I Y Z O R S N A T R O
E N Ě T L M I N C E Í N O L
K K R N N Á B Y T E K Í K E
Á Z N E Í O G A L E R I E T
D D Z T D O F J N B K M D Í
Y N V U A U K C E E N E T V
P A E A S O C H A C C X N W
A P Y N E O B V Y K L Ý V J
```

UMĚNÍ
AUKCE
AUTENTICKÝ
STAV
DEKÁDY
DEKORATIVNÍ
ELEGANTNÍ
GALERIE
NEOBVYKLÝ
NÁBYTEK

MINCE
CENA
KVALITA
OBNOVENÍ
SOCHA
STOLETÍ
STYL
HODNOTA
STARÝ

62 - Escursionismo

```
P K T T V H Z S W H Y P M K
P R E C A T N E I R O Ř X A
A Ř Ů M V L M T V S V Í T M
O T Í V P P D Ú F U N R Ě E
D T C P O O N L J M E O Ž N
K G E Z R D V A E M B D K Y
M P N R C A Á C I E A Ý T
Y K R A P R V E N T Z T K O
U P M P S O N A U Í P A O B
V O D A Z H Y Z L J E Ř V A
K L I M A L M K S H Č Í I Y
U N A V E N Ý O M M Í V D N
A B M E I Y Z A E W F Z E F
U H C U A P L K L G C L O U
```

VODA	NEBEZPEČÍ
ZVÍŘATA	TĚŽKÝ
KEMPOVÁNÍ	KAMENY
KLIMA	PŘÍPRAVA
PRŮVODCE	ÚTES
MAPA	DIVOKÝ
HORA	SLUNCE
PŘÍRODA	UNAVENÝ
ORIENTACE	BOTY
PARKY	SUMMIT

63 - Professioni #1

```
I  E  A  S  T  R  O  N  O  M  Z  H  P  P
O  L  D  P  S  Y  C  H  O  L  O  G  I  M
K  M  D  I  A  K  G  D  S  O  L  Y  A  X
K  C  Y  R  T  S  C  O  Z  N  H  T  N  S
A  S  U  Y  N  O  R  K  L  K  E  S  I  K
C  E  L  Ě  M  U  R  K  V  O  C  I  S  A
V  E  W  N  J  F  D  R  É  N  E  R  T  R
A  D  V  O  K  Á  T  Z  C  N  D  G  A  T
H  D  T  O  L  Z  E  T  B  X  Ě  B  R  O
C  E  N  A  L  S  Y  V  L  E  V  A  T  G
K  L  E  N  O  T  N  Í  K  J  I  N  S  R
H  U  D  E  B  N  Í  K  Y  M  M  K  E  A
L  É  K  Á  R  N  Í  K  E  L  O  É  S  F
I  N  S  T  A  L  A  T  É  R  K  Ř  M  S
```

TRENÉR	LÉKÁRNÍK
VELVYSLANEC	GEOLOG
UMĚLEC	KLENOTNÍK
ASTRONOM	INSTALATÉR
ADVOKÁT	SESTRA
BANKÉŘ	HUDEBNÍK
LOVEC	PIANISTA
KARTOGRAF	PSYCHOLOG
EDITOR	VĚDEC

64 - Antartide

```
G  X  P  U  D  E  O  Z  M  E  Z  K  C  S
Y  B  Y  R  L  E  V  Á  L  X  E  R  C  D
E  B  G  Ý  Ů  I  Y  L  P  P  M  F  R  B
M  R  A  K  Y  Z  E  I  M  E  Ě  B  U  H
K  M  D  C  L  C  K  V  S  D  P  L  E  D
Z  I  O  E  Á  E  G  U  E  I  I  S  V  K
A  G  V  D  R  I  U  N  M  C  S  S  Ý  O
C  R  E  Ě  E  H  F  P  L  E  L  K  Z  N
H  A  L  V  N  H  O  I  J  S  E  A  K  T
O  C  R  M  I  I  T  P  D  S  D  L  U  I
V  E  O  C  M  S  B  Y  Y  W  O  N  M  N
Á  O  S  T  R  O  V  Y  W  A  V  A  N  E
N  T  E  P  L  O  T  A  M  Y  C  T  Í  N
Í  P  M  T  J  L  X  F  N  B  E  Ý  K  T
```

VODA	OSTROVY
ZÁLIV	MIGRACE
VELRYBY	MINERÁLY
ZACHOVÁNÍ	MRAKY
KONTINENT	VÝZKUMNÍK
PRŮZKUM	SKALNATÝ
ZEMĚPIS	VĚDECKÝ
LEDOVCE	EXPEDICE
LED	TEPLOTA

65 - Libri

```
A  A  B  D  D  Ý  K  C  I  G  A  R  T  P
B  U  D  U  U  N  Á  M  O  R  S  L  M  H
G  T  R  A  R  A  Č  T  E  N  Á  Ř  E  Y
L  O  Z  K  Ř  S  L  T  G  K  Y  F  P  V
H  R  H  S  U  P  J  I  K  K  A  S  O  Y
H  A  R  E  W  T  X  E  T  N  O  K  S  N
J  Ě  S  T  R  Á  N  K  A  A  I  H  X  A
D  O  B  R  O  D  R  U  Ž  S  T  V  Í  L
S  N  K  Í  L  I  T  E  R  Á  R  N  Í  É
B  P  L  T  Ř  V  Y  P  R  A  V  Ě  Č  Z
Í  S  L  P  W  P  V  T  I  P  N  Ý  A  A
R  H  I  S  T  O  R  I  C  K  Ý  S  G  V
K  R  E  L  E  V  A  N  T  N  Í  M  C  Ý
A  A  J  T  P  O  E  Z  I  E  W  K  J  G
```

AUTOR
DOBRODRUŽSTVÍ
SBÍRKA
KONTEXT
DUALITA
EPOS
VYNALÉZAVÝ
LITERÁRNÍ
ČTENÁŘ
VYPRAVĚČ

STRÁNKA
POEZIE
RELEVANTNÍ
ROMÁN
PSANÝ
ŘADA
PŘÍBĚH
HISTORICKÝ
TRAGICKÝ
VTIPNÝ

66 - Geografia

```
M  V  L  Y  D  L  G  E  N  G  Z  P  G  U
P  O  L  E  D  N  Í  K  O  V  E  O  Z  K
N  R  A  O  Y  C  U  Í  E  P  M  L  C  O
F  T  Ě  V  S  D  C  N  B  B  Ě  O  P  N
L  S  O  C  E  Á  N  V  X  J  K  K  A  T
U  O  H  O  R  A  V  O  Z  J  O  O  T  I
O  M  K  T  I  K  G  R  D  O  U  U  L  N
M  B  A  X  M  E  N  A  R  F  L  L  A  E
M  Ě  A  P  F  Ř  X  H  E  E  E  E  S  N
W  W  S  Z  A  Z  Á  P  A  D  G  W  W  T
M  B  T  T  Z  E  M  Ě  O  X  H  I  J  X
C  W  W  C  O  S  E  V  E  R  N  Í  O  H
M  S  N  X  S  X  Ú  Z  E  M  Í  F  W  N
M  O  Ř  E  S  I  Y  D  A  L  A  F  I  X
```

ATLAS	POLEDNÍK
MĚSTO	SVĚT
KONTINENT	HORA
POLOKOULE	SEVERNÍ
ROVNÍK	OCEÁN
ŘEKA	ZÁPAD
ZEMĚKOULE	ZEMĚ
OSTROV	REGION
MAPA	JIH
MOŘE	ÚZEMÍ

67 - Cibo #1

```
N E M Č E J V C H X N X C M
Č S E U B A K Š U R H T C H
Z E G P U H K H L K A T Á M
A L S T R O D V O U I U L S
S U R N Z D A R N C T Ř J F
S B M U E A M A S O O Í J U
K I B L R K Á Ň U T T N S F
O C V M É B A Z A L K A Ů M
Ř Y S A H K N Z T T T B L R
I Z C L B E O Š Ť Á V A S K
C C I T R O N T U L N A L E
E U V Z R G U K W A X E M V
A K X M I F X W S S U O P P
O U R M R V T N Z J N Y I Š
```

ČESNEK	MÁTA
BAZALKA	JEČMEN
SKOŘICE	HRUŠKA
MASO	TUŘÍN
MRKEV	SŮL
CIBULE	ŠPENÁT
JAHODA	ŠŤÁVA
SALÁT	TUŇÁK
MLÉKO	DORT
CITRON	CUKR

68 - Etica

```
R  B  M  T  S  O  V  I  L  Ě  P  R  T  F
S  O  A  O  I  É  N  M  U  Z  O  R  O  I
P  B  Z  S  U  M  N  F  B  W  C  U  L  L
O  E  R  U  J  D  I  Z  E  S  T  C  E  O
L  N  E  M  M  T  R  T  T  C  I  T  R  Z
U  E  A  S  L  N  C  O  E  U  V  I  A  O
P  V  L  I  A  X  O  P  S  S  O  V  N  F
R  O  I  M  S  H  L  S  A  T  S  Ý  C  I
Á  L  S  I  K  T  C  P  T  I  T  E  E  E
C  E  M  T  A  I  N  T  E  G  R  I  T  A
E  N  U  P  V  C  H  O  D  N  O  T  Y  S
H  T  S  O  O  U  D  T  V  G  P  Z  O  O
E  N  M  T  S  O  N  J  O  T  S  Ů  D  P
V  Í  O  V  T  S  D  I  L  N  A  M  M  D
```

BENEVOLENTNÍ	TRPĚLIVOST
SOUCIT	ROZUMNÉ
SPOLUPRÁCE	ROZUMNOST
DŮSTOJNOST	REALISMUS
FILOZOFIE	UCTIVÝ
LASKAVOST	MOUDROST
INTEGRITA	TOLERANCE
POCTIVOST	LIDSTVO
OPTIMISMUS	HODNOTY

69 - Aeroplani

```
S  V  O  A  B  O  X  A  I  K  B  P  X  T
O  E  Z  I  D  N  G  N  P  Í  F  Ř  O  S
F  B  S  D  R  J  U  G  A  D  N  I  V  T
M  E  V  T  U  X  E  I  R  O  T  S  I  H
L  N  L  P  U  C  R  S  É  V  O  T  L  V
R  W  N  H  E  P  H  E  F  U  L  Á  A  J
P  O  S  Á  D  K  A  D  S  M  I  N  P  S
U  B  G  S  U  E  R  W  O  T  P  Í  Y  B
I  G  E  F  M  Y  B  L  M  M  O  T  O  R
V  Ý  Š  K  A  Ě  K  D  T  B  A  L  Ó  N
T  B  I  H  Z  V  R  Z  A  U  A  E  T  T
B  B  W  K  C  E  S  T  U  J  Í  C  Í  I
D  O  B  R  O  D  R  U  Ž  S  T  V  Í  C
N  A  V  I  G  O  V  A  T  O  A  U  W  R
```

VÝŠKA	SESTUP
VZDUCH	POSÁDKA
ATMOSFÉRA	VODÍK
PŘISTÁNÍ	MOTOR
DOBRODRUŽSTVÍ	NAVIGOVAT
PALIVO	BALÓN
NEBE	CESTUJÍCÍ
DESIGN	PILOT
SMĚR	HISTORIE

70 - Governo

```
N E Z Á V I S L O S T E E N
O Y E T C Y H E S U K S I D
A V A T S Ú G C I V I L N Í
U A Y C V N O D X E N F R K
J S R P O Á B Ů D J Z Z O M
P Y N R B Č V H O Z P V N
S O T B O O A O O R G V N K
S Y M J D D N H P P G F O V
S Y M N A I S Z Á K O N S D
A O V B Í H T Á T S J U T X
H H U G O K V N Á R O D N Í
X C V D V L Í O K R E S W V
L H S F N P O L I T I K A B
K A G U W Í B B R J U T W E
```

VŮDCE
OBČANSTVÍ
CIVILNÍ
ÚSTAVA
PROJEV
DISKUSE
SOUDNÍ
NEZÁVISLOST
ZÁKON

SVOBODA
POMNÍK
NÁRODNÍ
NÁROD
POLITIKA
OKRES
SYMBOL
STÁT
ROVNOST

71 - Bellezza

```
T  B  Ř  S  E  O  L  D  N  O  K  Ý  I  N
J  A  A  T  Ž  L  P  R  O  D  U  K  T  Y
K  R  S  Y  Ů  D  E  B  P  Í  V  D  K  I
K  V  E  L  K  A  U  G  M  N  L  A  O  B
T  A  N  I  F  C  M  W  A  T  P  L  S  Z
S  B  K  S  U  R  R  N  Š  N  S  H  M  P
O  L  A  T  V  Z  Z  V  H  A  C  H  E  G
L  Y  U  A  U  Y  O  S  T  G  R  E  T  R
I  J  T  Ž  N  S  L  P  J  E  T  H  I  A
M  S  I  E  B  R  E  T  M  L  Ě  C  K  O
K  A  D  E  Ř  Y  J  S  Z  E  N  N  A  P
K  O  U  Z  L  O  E  X  B  Y  K  Ž  Ů  N
J  V  T  G  X  C  M  S  A  F  A  V  J  V
G  F  O  T  O  G  E  N  I  C  K  Ý  V  V
```

BARVA	ŘASENKA
KOSMETIKA	OLEJE
ELEGANTNÍ	KŮŽE
ELEGANCE	PRODUKTY
KOUZLO	KADEŘ
NŮŽKY	RTĚNKA
FOTOGENICKÝ	SLUŽBY
VŮNĚ	ŠAMPON
MILOST	ZRCADLO
HLADKÝ	STYLISTA

72 - Avventura

```
I D E K N D E S T I N A C E
R T S O N Č E T A T S N J Ý
M A I A K T I V I T A X A N
C S D N W A V A R P Í Ř P Č
V Á W O E P B Ý M F D T G E
R R S I S R S É L E T Á Ř P
O K Y J O T Á V L E V Y Z Z
G M V I S X Y Ř R V T R U E
B E Z P E Č N O S T M S P B
C T Ý M N A V I G A C E F E
N O V Ý O B T Í Ž N O S T N
N E O B V Y K L Ý K K F V J
P Ř Í L E Ž I T O S T R M T
B A C L N A D Š E N Í T R G
```

PŘÁTELÉ	NEOBVYKLÝ
AKTIVITA	ITINERÁŘ
KRÁSA	NAVIGACE
STATEČNOST	NOVÝ
DESTINACE	PŘÍLEŽITOST
OBTÍŽNOST	NEBEZPEČNÝ
NADŠENÍ	PŘÍPRAVA
VÝLET	VÝZVY
RADOST	BEZPEČNOST

73 - Forme

```
P  H  S  E  U  L  N  G  E  T  J  V  L  C
Y  Y  T  P  U  J  Á  O  P  O  V  Á  T  A
R  P  R  X  X  S  M  M  G  L  U  L  L  K
A  E  A  O  K  N  Ě  K  A  Y  G  E  A  Ř
M  R  N  B  M  H  S  B  T  E  L  C  K  I
I  B  A  D  R  K  T  P  A  X  Á  O  J  V
D  O  L  É  A  G  Í  P  L  D  V  V  P  K
A  L  E  L  H  C  Y  R  K  O  O  E  O  A
Z  A  Ž  N  K  O  U  L  E  U  W  G  D  Z
A  W  U  Í  H  R  A  N  Y  K  O  J  J  A
U  H  K  K  E  D  Á  Ř  C  R  A  L  T  V
E  L  I  P  S  A  E  I  I  U  H  X  B  B
H  R  A  N  O  L  F  L  R  H  O  R  S  O
T  R  O  J  Ú  H  E  L  N  Í  K  X  V  C
```

ROH	STRANA
OBLOUK	ŘÁDEK
HRANY	OVÁL
KRUH	PYRAMIDA
VÁLEC	POLYGON
KUŽEL	HRANOL
KRYCHLE	NÁMĚSTÍ
KŘIVKA	OBDÉLNÍK
ELIPSA	KOULE
HYPERBOLA	TROJÚHELNÍK

74 - Oceano

```
V  Ú  O  C  I  B  Y  K  Z  J  O  O  S  U
X  H  A  Y  H  G  N  E  C  I  Ř  T  S  Ú
Ď  O  L  S  S  O  A  Ř  D  O  K  X  M  T
F  Ř  N  V  T  A  B  U  O  H  O  N  E  U
P  Ř  Í  L  I  V  Y  O  U  V  R  K  D  Ň
X  Z  F  Z  H  C  R  B  T  D  Á  R  Ú  Á
G  M  L  G  S  A  L  B  L  N  L  A  Z  K
N  K  E  K  X  I  E  K  T  R  I  B  A  B
G  E  D  G  F  K  V  T  R  F  Y  C  M  V
R  X  C  E  M  C  G  S  H  E  H  B  E  L
Ž  E  L  V  A  U  M  Ů  E  I  V  O  A  N
Ž  R  A  L  O  K  A  L  X  R  J  E  E  Y
W  G  Ú  T  E  S  G  M  X  M  V  P  T  Z
J  J  B  R  G  B  J  F  F  J  O  W  L  A
```

ÚHOŘ	ÚSTŘICE
VELRYBA	RYBA
LOĎ	CHOBOTNICE
KORÁL	SŮL
DELFÍN	ÚTES
KREVETA	HOUBA
KRAB	ŽRALOK
PŘÍLIVY	ŽELVA
MEDÚZA	BOUŘE
VLNY	TUŇÁK

75 - Famiglia

```
D  W  P  J  F  B  M  D  M  W  K  B  S  B
Y  Ě  X  J  W  R  A  Í  A  O  P  D  Y  R
G  M  T  D  F  A  T  T  N  W  C  T  N  A
L  F  W  S  O  T  K  Ě  Ž  T  V  S  O  T
C  P  Z  S  T  R  A  I  E  D  S  U  V  R
M  C  F  E  O  V  U  K  L  U  Ě  A  E  A
P  A  T  E  T  E  Í  E  C  W  M  T  C  N
I  R  T  K  E  Č  E  D  Ě  D  A  A  I  E
L  T  V  E  C  D  C  E  R  A  N  Č  Z  C
R  S  P  J  Ř  J  A  Ř  V  L  Ž  J  L  Ý
R  E  G  C  F  S  G  P  I  A  E  O  H  R
T  S  L  V  J  X  K  P  O  L  L  V  T  T
B  A  B  I  Č  K  A  Ý  V  E  K  D  F  S
W  F  O  T  C  O  V  S  K  Ý  A  J  G  F
```

PŘEDEK	MATEŘSKÝ
DĚTI	MANŽELKA
DÍTĚ	SYNOVEC
BRATRANEC	BABIČKA
DCERA	DĚDEČEK
BRATR	OTEC
DVOJČATA	OTCOVSKÝ
DĚTSTVÍ	SESTRA
MATKA	TETA
MANŽEL	STRÝC

76 - Creatività

```
S P O N T Á N N Í E E I D D
P V U G T S O N S A J N R O
R Ý B T S O T U K E T T A V
A R I T O F O B T C A E M E
V A N V V B O R F K I N A D
O Z S Ý I Y D A P Á N Z T N
S E P K V O N D L I X I I O
T M I C A V B A V D M T C S
A O R E T L E R L T D A K T
L C A L S I I C A É E W Ý G
N E C Ě D F J P Z Z L H N
F K E M E J O D Z F I A C F
A K H U Ř P O C I T V K V M
Y H G J P I N T U I C E G Ý
```

DOVEDNOST
UMĚLECKÝ
PRAVOST
JASNOST
DRAMATICKÝ
EMOCE
VÝRAZ
TEKUTOST
NÁPADY
PŘEDSTAVIVOST

OBRAZ
DOJEM
INTENZITA
INTUICE
VYNALÉZAVÝ
INSPIRACE
POCIT
SPONTÁNNÍ
VIZE

77 - Veicoli

```
J  M  J  P  K  M  T  T  H  M  T  R  O  A
Í  X  G  C  O  E  R  T  Z  O  H  A  L  Y
Z  X  E  M  L  T  S  E  A  T  N  A  X  K
D  I  C  W  O  R  B  E  G  O  D  V  W  I
N  F  S  W  B  O  W  Z  F  R  M  F  D  T
Í  C  U  M  Ě  L  V  S  A  N  I  T  K  A
K  M  B  F  Ž  A  L  O  E  I  C  A  A  M
O  L  O  Ď  K  G  G  E  R  C  A  J  L  U
L  X  T  T  A  X  I  R  T  D  U  T  V  E
O  T  U  A  N  A  V  A  R  A  K  I  O  N
R  V  A  P  O  N  O  R  K  A  D  Z  Z  P
T  R  A  K  T  O  R  U  K  W  N  L  D  H
V  R  T  U  L  N  Í  K  D  F  U  M  O  L
R  A  K  E  T  A  T  R  A  J  E  K  T  D
```

LETADLO
SANITKA
AUTO
AUTOBUS
LOĎ
JÍZDNÍ KOLO
KARAVANA
VRTULNÍK
METRO
MOTOR

PNEUMATIKY
RAKETA
KOLOBĚŽKA
PONORKA
TAXI
TRAJEKT
TRAKTOR
VLAK
VOR

78 - Emozioni

```
K L I D X I S V V S Y S J Z
S Y H B Z R M K Z T H A M P
L Y U X W F U S R R Í M O T
Z X M V Z B T A U A L J H S
E T V P O P E U Š C J D F O
N T G O A L K R E H D X T N
Ě I O C L T N I N H D I S E
H N B S T H I Ě Ý N O L O Ž
A D S H N Ě V E N U N U D A
Ú I A K S Á L L H Ý U E A L
Z L H L A S K A V O S T R B
K K E S P O K O J E N Ý J W
S U P V P Ř E K V A P I T G
N E R Y A V D Ě Č N Ý B T B
```

LÁSKA
BLAŽENOST
UKLIDNIT
OBSAH
VZRUŠENÝ
LASKAVOST
RADOST
VDĚČNÝ
NUDA
MÍR

STRACH
HNĚV
UVOLNĚNÝ
ÚLEVA
SYMPATIE
SPOKOJENÝ
PŘEKVAPIT
NĚHA
KLID
SMUTEK

79 - Natura

```
A L O E J G T L P F I V D Z
R T E Z O R E J P L T J R C
K S A D G I Z N D V C F W A
T I H Ř O U A S V A T Y N Ě
I L L D Í V M Ý Y K A R M Ú
C I M I E V E K L E T O V T
K Z R V I P Z C E Ř K H I O
Ý I Y O H P G I Č R T K T Č
W N A K H O K P V B F H Á I
A T D Ý H U R O J K H Y L Š
B P F I O Š Á R L E S I N T
L C B V L Ť S T J Z H I Í Ě
S D Y K L K A O K S X W O V
I Y T D Y N A M I C K Ý T S
```

ZVÍŘATA
VČELY
ARKTICKÝ
KRÁSA
POUŠŤ
DYNAMICKÝ
EROZE
ŘEKA
LIST
LES

LEDOVEC
HORY
MLHA
MRAKY
ÚTOČIŠTĚ
SVATYNĚ
DIVOKÝ
KLIDNÝ
TROPICKÝ
VITÁLNÍ

80 - Balletto

```
R  H  O  J  Ý  T  K  A  R  T  S  U  Z  C
Y  W  S  R  K  S  E  L  T  O  P  V  K  H
T  F  V  T  C  T  K  P  R  A  X  E  O  O
M  C  A  A  E  H  F  O  S  B  B  M  U  R
U  K  L  N  L  B  E  T  W  D  Z  X  Š  E
S  S  Y  E  Ě  E  I  S  B  U  I  B  K  O
P  K  I  Č  M  C  R  E  T  H  K  N  A  G
U  L  F  N  U  S  N  G  U  R  Y  G  K  R
B  A  N  Í  D  O  V  E  D  N  O  S  T  A
L  D  Y  C  M  A  Z  L  T  Y  I  T  M  F
I  A  D  I  I  P  J  Y  Z  I  I  G  G  I
K  T  J  W  G  Í  N  T  N  A  G  E  L  E
U  E  E  X  P  R  E  S  I  V  N  Í  H  R
M  L  I  N  T  E  N  Z  I  T  A  D  J  Z
```

DOVEDNOST
POTLESK
UMĚLECKÝ
TANEČNÍCI
SKLADATEL
CHOREOGRAFIE
EXPRESIVNÍ
GESTO
ELEGANTNÍ

INTENZITA
SVALY
HUDBA
ORCHESTR
PRAXE
ZKOUŠKA
PUBLIKUM
RYTMUS
STYL

81 - Paesi #1

```
I  K  V  V  T  O  A  P  I  O  E  M  K  V
J  R  A  Ž  D  O  B  M  A  K  G  A  P  E
N  T  Á  N  L  F  V  V  M  S  Y  R  R  N
Y  G  F  K  A  P  C  V  A  N  P  O  U  E
L  O  N  O  G  D  I  N  N  U  T  K  I  Z
I  X  J  B  E  G  A  B  A  M  O  O  Z  U
M  A  L  I  N  J  T  E  P  U  X  J  R  E
K  E  G  C  E  I  D  N  I  R  K  R  A  L
C  O  F  Y  S  N  Ě  M  E  C  K  O  E  A
E  K  G  R  J  Z  A  R  E  Y  B  I  L  B
A  S  Š  P  A  N  Ě  L  S  K  O  B  X  A
H  R  H  O  B  R  A  Z  Í  L  I  E  C  L
P  O  L  S  K  O  K  S  N  I  F  K  C  G
Y  N  S  H  V  I  E  T  N  A  M  W  L  S
```

BRAZÍLIE	MALI
KAMBODŽA	MAROKO
KANADA	NORSKO
EGYPT	PANAMA
FINSKO	POLSKO
NĚMECKO	RUMUNSKO
INDIE	SENEGAL
IRÁK	ŠPANĚLSKO
IZRAEL	VENEZUELA
LIBYE	VIETNAM

82 - Geometria

```
J  V  V  T  K  J  T  E  O  R  I  E  H  W
W  Ý  E  R  N  Ř  A  S  L  Ě  X  C  H  A
H  P  R  O  Z  E  I  F  W  M  G  I  R  D
K  O  T  J  Č  W  M  V  U  O  S  N  O  I
K  Č  I  Ú  V  Í  Y  G  K  P  Y  V  V  M
D  E  K  H  R  N  S  U  E  A  M  O  N  E
Ú  T  Á  E  Y  Z  L  W  S  E  R  O  N  N
H  V  L  L  S  V  R  N  O  E  T  O  B  Z
E  P  N  N  Á  I  D  E  M  V  R  E  Ě  E
L  E  Í  Í  V  Ý  Š  K  A  G  I  D  Ž  E
Z  H  A  K  I  G  O  L  X  J  E  W  N  A
H  O  R  I  Z  O  N  T  Á  L  N  Í  Ý  F
P  O  V  R  C  H  U  R  K  M  O  X  E  E
T  M  Y  V  S  D  X  W  P  R  Ů  M  Ě  R
```

VÝŠKA	ČÍSLO
ÚHEL	HORIZONTÁLNÍ
VÝPOČET	ROVNOBĚŽNÝ
KRUH	POMĚR
KŘIVKA	SEGMENT
PRŮMĚR	SYMETRIE
DIMENZE	POVRCH
ROVNICE	TEORIE
LOGIKA	TROJÚHELNÍK
MEDIÁN	VERTIKÁLNÍ

83 - Foresta Pluviale

```
Z  Y  M  H  E  B  V  P  Ů  V  O  D  N  Í
L  A  I  B  Ú  T  O  Č  I  Š  T  Ě  P  N
J  T  C  A  O  T  T  J  X  O  P  G  T  Z
I  C  V  H  Í  T  I  Ž  E  Ř  P  W  Á  R
M  Ú  A  C  O  U  A  Y  N  I  I  S  C  O
S  E  S  B  S  V  C  N  L  C  R  G  I  Z
A  T  C  V  V  O  Á  Í  I  Y  K  A  R  M
R  H  F  H  F  Ý  N  N  E  C  H  R  W  A
P  Ř  Í  R  O  D  A  E  Í  B  K  D  P  N
H  T  X  M  R  R  R  V  J  K  S  Ý  D  I
A  D  R  U  H  D  N  O  S  B  C  R  K  T
O  V  Z  L  J  Y  F  N  F  Z  D  D  V  O
G  Z  P  J  R  Y  M  B  K  L  I  M  A  S
D  Ž  U  N  G  L  E  O  W  R  B  P  T  T
```

BOTANICKÝ	MRAKY
KLIMA	ZACHOVÁNÍ
ROZMANITOST	CENNÝ
DŽUNGLE	OBNOVENÍ
PŮVODNÍ	ÚTOČIŠTĚ
HMYZ	ÚCTA
SAVCI	PŘEŽITÍ
MECH	DRUH
PŘÍRODA	PTÁCI

84 - Edifici

```
K  S  Y  K  V  U  S  D  D  H  Y  D  V  B
N  E  W  A  U  P  T  I  Y  O  C  H  Ě  Y
V  Ř  C  B  P  Z  A  V  V  B  S  Ř  Ž  T
Y  O  G  I  M  H  N  A  Y  Š  K  O  L  A
G  T  G  N  N  Ó  I  D  A  T  S  T  E  N
O  A  U  A  I  C  O  L  L  D  E  A  T  R
H  V  S  R  N  A  O  O  C  N  Z  R  S  Á
G  R  F  M  R  Y  N  M  W  U  N  O  O  V
S  E  A  T  I  R  I  U  E  W  W  B  H  O
P  S  M  D  C  T  K  E  K  N  D  A  F  T
K  B  R  E  B  X  K  Z  B  O  E  L  U  F
Z  O  A  H  M  U  D  U  H  O  T  E  L  W
A  M  F  A  G  T  X  M  P  K  V  K  D  E
I  F  P  S  T  O  D  O  L  A  X  J  S  B
```

BYT	MUZEUM
KABINA	NEMOCNICE
HRAD	OBSERVATOŘ
KINO	HOSTEL
TOVÁRNA	ŠKOLA
FARMA	STADIÓN
STODOLA	DIVADLO
HOTEL	STAN
LABORATOŘ	VĚŽ

85 - Paesi #2

```
P I N U P S I J U G A N D A
L Á O O E H U S G H T C D C
I O K C E Ř A K I X A N B F
B S S I N D E I R É G I N S
É Ú U D S A C V T A J R S Ý
R D R U H T L I A I J I R R
I Á J Y N N Á Y U J S I E I
E N I F F E I N Á B L A N E
Y E Y A D Á N S K O F E M A
N E P Á L W K Y R B L B E C
I R S K O K S N O P A J X J
J A M A J K A W K W O Y I N
I N D O N É S I E D S R K D
I S W E O E T I O P I E O B
```

ALBÁNIE	LIBÉRIE
DÁNSKO	MEXIKO
ETIOPIE	NEPÁL
JAMAJKA	NIGÉRIE
JAPONSKO	PÁKISTÁN
ŘECKO	RUSKO
HAITI	SÝRIE
INDONÉSIE	SÚDÁN
IRSKO	UKRAJINA
LAOS	UGANDA

86 - Tipi di Capelli

```
P V S K Z C H K Z E Š B V A
Ý L A I J C A R F I E Í L B
H D E C K R U Á O U D L N G
U N Ý T S U L T N I Á Ý I A
O O Ě U E U Ý K D A L H T T
L L E D X N Z Ý H C U S Ý E
D B T I Ý H É L V K A D E Ř
M Ě K K Ý A K O W A Y G B T
B A R E V N Ý L D A R Y Y E
C Y S T Ř Í B R O A H D V N
J Z E P L E Š A T Ý O N Z K
H F Č E R N Á S F J E I O Ý
F U S T L W K U U F E F N A
V V Y B X A K U D R N A T Ý
```

STŘÍBRO	DLOUHÝ
SUCHÝ	HNĚDÝ
BÍLÝ	MĚKKÝ
BLOND	ČERNÁ
KRÁTKÝ	VLNITÝ
PLEŠATÝ	KUDRNATÝ
BAREVNÝ	KADEŘ
ŠEDÁ	ZDRAVÝ
PLETENÉ	TENKÝ
HLADKÝ	TLUSTÝ

87 - Vestiti

```
Z K R Y G J C S K M U K I K
Á A N U M Ó D A V N X B B O
S L Á X K Z X O Š E R E R Š
T H R O M A Ž Y P A T V B I
Ě O A B L S V I S W T R U L
R T M O D U E I C O Á Y N E
A Y E T C S Á P C V B M D Š
S K K A T A L Z Z E A L A Á
S U K N Ě N J B X V K Y B T
P O O A J D H A L E N K A E
T B P K H Á U T R Z T T L K
W O K Í N L E D R H Á N G Y
A L N S N Y N Í Ž D S Y S B
D K D B Y C M C G H N D R S
```

ŠATY	ZÁSTĚRA
NÁRAMEK	RUKAVICE
HALENKA	DŽÍNY
KOŠILE	SVETR
KLOBOUK	MÓDA
KABÁT	KALHOTY
PÁS	PYŽAMO
NÁHRDELNÍK	SANDÁLY
BUNDA	BOTA
SUKNĚ	ŠÁTEK

88 - Attività e Tempo Libero

```
F  B  P  T  K  Í  L  U  V  L  R  F  T  T
O  A  O  E  E  N  D  V  M  K  F  R  A  U
T  S  T  N  M  Á  W  O  Y  Ě  I  F  B  R
B  E  Á  I  P  V  V  L  W  J  N  A  G  I
A  B  P  S  O  O  S  O  F  F  P  Í  U  S
L  A  Ě  L  V  L  A  B  J  E  L  O  V  T
R  L  N  P  Á  A  V  Y  M  Z  A  O  G  I
H  L  Í  D  N  M  Z  R  L  V  V  K  G  K
J  Y  K  Č  Í  N  O  K  T  I  Á  B  H  A
N  A  K  U  P  O  V  Á  N  Í  N  O  Z  D
B  A  S  K  E  T  B  A  L  W  Í  X  O  D
Z  A  H  R  A  D  N  I  Č  E  N  Í  U  R
T  S  T  X  K  S  U  R  F  O  V  Á  N  Í
R  E  L  A  X  A  Č  N  Í  G  C  A  M  D
```

UMĚNÍ
BASEBALL
BASKETBAL
BOX
FOTBAL
KEMPOVÁNÍ
TURISTIKA
ZAHRADNIČENÍ
GOLF
KONÍČKY

POTÁPĚNÍ
PLAVÁNÍ
VOLEJBAL
RYBOLOV
MALOVÁNÍ
RELAXAČNÍ
NAKUPOVÁNÍ
SURFOVÁNÍ
TENIS

89 - Arte

```
S  V  V  S  H  C  S  U  P  A  N  L  X  C
I  U  Ý  H  U  Z  O  I  Í  N  B  O  S  O
N  R  R  R  K  F  C  Í  N  E  Ž  O  L  S
S  W  P  R  A  M  H  A  D  A  L  Á  N  F
P  K  O  S  E  Z  A  K  O  M  P  L  E  X
I  E  S  Y  I  A  X  H  V  R  P  Z  C  A
R  R  T  M  Z  P  L  Ů  X  C  J  A  J
O  A  A  B  E  Ř  I  P  A  Z  H  M  N
V  M  V  O  O  I  U  E  S  H  T  I  A  R
A  I  A  L  P  Č  K  F  D  M  G  B  L  Y
N  C  U  Ř  Í  M  N  Ý  M  U  T  B  L
Ý  K  E  P  T  L  L  S  E  U  Ě  S  Y  M
E  Ý  T  U  W  Y  T  I  Ř  O  V  T  Y  V
A  C  R  D  B  V  V  I  Z  U  Á  L  N  Í
```

KERAMICKÝ	OSOBNÍ
KOMPLEX	POEZIE
SLOŽENÍ	VYLÍČIT
VYTVOŘIT	SOCHA
MALBY	SYMBOL
VÝRAZ	PŘEDMĚT
POSTAVA	SURREALISMUS
INSPIROVANÝ	NÁLADA
UPŘÍMNÝ	VIZUÁLNÍ
PŮVODNÍ	

90 - Meteo

```
R D A O O R R H G P Z S W G
X N E B E A H L M V M U Y B
C I Ř G Y R T Í V J N C O L
S P U N D É Z C I R U H H I
E Y O V K F A Y O H Z Ý M E
L J B Á P S M T O R N Á D O
B O P N P O I D G R O H S S
L F G E F M L H U G M U G I
A F V K D T K Á Y H Y R V J
S U C H O A W Z R C A I K V
M T E P L O T A L N Y K O O
C R H R O M L E D F Í Á I W
T G A T R O P I C K Ý N M K
H F U K B L E S K P P F V Z
```

DUHA
SUCHÝ
ATMOSFÉRA
VÁNEK
NEBE
KLIMA
BLESK
LED
MONZUN
MLHA

MRAK
POLÁRNÍ
SUCHO
TEPLOTA
BOUŘE
TORNÁDO
TROPICKÝ
HROM
HURIKÁN
VÍTR

91 - Corpo Umano

```
V  Z  C  W  X  U  U  K  A  R  Z  L  E  Z
Ú  K  R  E  V  B  K  J  Z  A  H  O  N  C
S  R  L  V  M  R  M  R  K  M  G  V  Z  W
T  N  T  F  A  A  E  K  K  E  Ž  Ů  K  V
A  O  V  E  C  D  R  S  O  N  W  C  R  B
M  O  Z  E  K  A  K  A  Z  O  J  I  S  T
J  H  K  M  N  L  K  O  K  O  T  N  Í  K
I  C  V  O  F  Ž  Y  K  L  I  G  N  M  W
N  U  Z  V  W  A  L  A  S  E  A  N  R  H
Z  W  A  F  V  L  T  V  Á  Ř  N  C  U  S
X  N  K  G  D  U  E  A  W  B  J  O  K  P
F  A  I  B  M  D  K  L  K  I  I  I  A  R
H  H  A  B  I  E  O  H  W  H  J  G  D  S
U  K  I  P  D  K  L  A  B  V  S  P  R  T
```

ÚSTA	RUKA
KOTNÍK	BRADA
MOZEK	NOS
KRK	OKO
SRDCE	UCHO
PRST	KŮŽE
TVÁŘ	KREV
NOHA	RAMENO
KOLENO	ŽALUDEK
LOKET	HLAVA

92 - Mammiferi

```
L  E  V  X  B  F  O  R  T  O  J  O  K  H
J  L  R  X  R  T  V  M  U  W  P  Z  Ů  D
E  D  V  N  Í  F  L  E  D  V  H  I  Ň  I
L  Z  E  B  R  A  F  D  K  Ý  B  H  C  L
E  K  W  Z  D  V  I  V  R  V  W  O  N  E
N  O  X  E  H  R  X  Ě  Á  V  I  Z  K  M
T  V  A  U  C  X  P  D  L  T  W  Z  C  P
A  C  W  N  M  S  W  N  Í  U  M  S  J  M
T  E  G  N  K  L  K  A  K  Š  I  L  P  E
V  E  L  R  Y  B  A  K  A  L  C  O  R  G
G  O  R  I  L  A  N  O  P  N  V  N  A  E
Ž  I  R  A  F  A  I  L  U  E  F  A  V  M
U  T  F  E  P  I  L  K  E  O  S  R  M  W
K  O  Č  K  A  W  V  N  L  R  E  J  U  Z
```

VELRYBA	ŽIRAFA
PES	GORILA
KLOKAN	LEV
KŮŇ	VLK
JELEN	MEDVĚD
KRÁLÍK	OVCE
KOJOT	OPICE
DELFÍN	BÝK
SLON	LIŠKA
KOČKA	ZEBRA

93 - Animali Domestici

```
L O V E T E R I N Á Ř L J L
U R X H A W R R T O I Í E H
G B F U V B S R U Y C M Š E
T P K H Á L J K O S K E T K
K Í L Á R K S J P A O C Ě Ř
E P O Y K P A L T S Z X R E
Š T Ě N Ě O H D J E A S K Č
U L S T I I T S Í P V C A E
O A I B C A D Ě D D L X O K
P Ř E M Í N E K L Y E P B B
A P X K O Č K A O M Ž Y K A
P Z E A O F L D A B Y R P L
U A I A D A V O F V L Š Z R
U R Z T N S W V Z O O J G R
```

VODA	KOČKA
PES	ŘEMÍNEK
KOZA	JEŠTĚRKA
JÍDLO	KRÁVA
OCAS	PAPOUŠEK
LÍMEC	RYBA
KRÁLÍK	ŽELVA
KŘEČEK	MYŠ
ŠTĚNĚ	VETERINÁŘ
KOTĚ	TLAPKY

94 - Cucina

```
M M F K U N T R P J Z U U L
P R M B A F R G K I Á N A E
K S A S Í M O Y D D S H J D
C O R Z C P U X B Ž T R I N
J Y N M Á Z B U J B Ě Z I I
H T F V H K A S F Á R U W Č
S U B X I B T P H N A I N K
H O U B A C W Y J Í D L O A
K O Ř E N Í E J Č L A U C J
U B R O U S E K I I J Í S T
F I J T P E C E R R N S H I
P P H F U S Í J W G O K H B
C G V A L E Ž O N C L X Y T
O U Y K Č I L D I V W H N I
```

TYČINKY   TROUBA
KONVICE   LEDNIČKA
DŽBÁN   ZÁSTĚRA
JÍDLO   GRIL
MÍSA   JÍST
NOŽE   RECEPT
MRAZÁK   KOŘENÍ
LŽÍCE   HOUBA
VIDLIČKY   UBROUSEK

95 - Jazz

```
D  R  Ž  C  X  R  K  V  H  Z  V  V  G  O
Ů  N  X  Á  Ý  K  B  O  S  U  M  T  Y  R
R  O  N  T  N  V  V  J  N  H  D  L  C  C
A  V  X  A  V  R  O  U  L  C  R  B  I  H
Z  Ý  P  L  A  K  I  N  H  C  E  T  A  E
W  P  C  E  L  Ě  M  U  P  Ň  É  R  F  S
V  T  D  N  S  S  L  O  Ž  E  N  Í  T  T
K  P  Y  T  S  T  Y  L  V  S  E  Z  R  R
C  O  A  H  V  W  S  V  K  Í  B  R  I  E
I  T  M  A  A  J  V  B  K  P  Í  C  P  G
D  L  E  T  A  D  A  L  K  S  L  F  F  W
U  E  W  A  L  B  U  M  F  P  B  B  A  T
M  S  S  T  A  R  Ý  W  C  M  O  V  U  K
E  K  I  M  P  R  O  V  I  Z  A  C  E  T
```

ALBUM	IMPROVIZACE
POTLESK	HUDBA
UMĚLEC	NOVÝ
PÍSEŇ	ORCHESTR
SKLADATEL	OBLÍBENÉ
SLOŽENÍ	RYTMUS
KONCERT	STYL
DŮRAZ	TALENT
SLAVNÝ	TECHNIKA
ŽÁNR	STARÝ

96 - Vacanze #2

```
E D W J L Ž Á L P M C E C F
D O V O L E N Á E J X M E O
A D J U W E K X C T E T S T
D O P R A V A T A V I C T K
R E R U P O Z A N Í G Š A Y
U C X M A R F X I Z W N T J
H M Y F M T U I T U W F R Ě
I O O X S S Y R S M E W U M
B P T Ř A O N C E N I Z I C
H O D E E R D C D H R P W A
I U R X L V O L N Ý Č A S N
R E S T A U R A C E S T A N
C E S T O V N Í P A S P M X
P Z R V L A K S D J N L F W
```

LETIŠTĚ   CIZINEC
DESTINACE   TAXI
FOTKY   VOLNÝ ČAS
HOTEL   STAN
OSTROV   DOPRAVA
MAPA   VLAK
MOŘE   DOVOLENÁ
CESTOVNÍ PAS   CESTA
RESTAURACE   VÍZUM
PLÁŽ

97 - Attività

```
R Y B O L O V O L E R V A K
G Y Z R V D Z Á J M Y I K E
H S M E O O M K N I W C T M
Z R C L L V P A W X F N I P
K O Y A N E I G A M N H V O
Ř P A X Ý D J A X I P E I V
E O K A Č N M M K H Z F T Á
M T I C A O W D Š I T Í A N
E Ě M E S S E A W R R N Č Í
S Š A K I T S I R U T Ě T R
L E R H Á D A N K Y P M E B
A N E B G T J U K O A U N T
L Í K V K O S P I D V G Í Z
F O T O G R A F O V Á N Í L
```

DOVEDNOST
UMĚNÍ
ŘEMESLA
AKTIVITA
LOV
KEMPOVÁNÍ
KERAMIKA
ŠITÍ
TURISTIKA
FOTOGRAFOVÁNÍ

HRY
ZÁJMY
ČTENÍ
MAGIE
RYBOLOV
POTĚŠENÍ
HÁDANKY
RELAXACE
VOLNÝ ČAS

98 - Diplomazia

```
S  R  K  O  N  F  L  I  K  T  L  S  N  D
E  P  D  I  S  K  U  S  E  M  B  P  V  I
S  T  O  O  U  H  J  D  M  T  E  O  P  P
M  Ý  I  L  I  Z  D  K  C  M  Z  L  J  L
L  K  B  K  U  T  X  U  T  T  P  E  A  O
O  S  P  B  A  P  H  P  Y  T  E  Č  Z  M
U  N  N  O  B  X  R  K  J  C  Č  E  Y  A
V  A  E  Y  R  I  L  Á  H  Í  N  N  K  T
A  Č  X  T  Y  A  K  N  C  N  O  S  Y  I
O  B  Č  A  N  É  D  M  Y  E  S  T  Y  C
Y  O  C  U  J  D  O  C  S  Š  T  V  Z  K
U  S  N  E  S  E  N  Í  E  E  N  Í  M  Ý
V  L  Á  D  A  V  Y  Z  L  Ř  Í  T  Z  N
P  O  L  I  T  I  K  A  H  I  E  P  I  C
```

OBČANÉ
OBČANSKÝ
SPOLEČENSTVÍ
KONFLIKT
PORADCE
SPOLUPRÁCE
DIPLOMATICKÝ
DISKUSE

ETIKA
VLÁDA
JAZYKY
POLITIKA
USNESENÍ
BEZPEČNOSTNÍ
ŘEŠENÍ
SMLOUVA

99 - Forniture Artistiche

```
O C X D A M U G K N E S B R
L Ů T S K M J A D O V S A J
D K M T R V Y K N Y V L R M
I Ř S S Y N A V T L T J V Y
P K E O L X C A S E S P Y I
E V L V M Z I R H T U Z K E
L A D I Ě C L E U S O J O K
L F I Ř M N C L H A K J V H
W N Ž O I F É Y B P N E A E
U I L V G W H U J M I L Y N
K A R T Á Č E O H Í T O L G
P X S Z W B E D U L L K V H
N Á P A D Y A H X R Í P A P
L M O W U T G T U Ž K Y S F
```

VODA
AKVARELY
AKRYL
JÍL
DŘEVĚNÉ UHLÍ
PAPÍR
STOJAN
LEPIDLO
BARVY
TVOŘIVOST

GUMA
NÁPADY
INKOUST
TUŽKY
OLEJ
PASTELY
ŽIDLE
KARTÁČE
STŮL

100 - Misurazioni

```
H M O T N O S T P D B C M T
U F A K Ř Í Š H K E S A B A
U U L R K L J T T S Z O J K
R J D V G Z M L Y E E N M T
P I N T A S F K R T E M I S
C E Ó R T E M O L I K A N T
E W T T N G J M T N O R U U
N U E I H Y G A M N G G T P
T N R L E I A K Š Ý V O A E
I C E L A P K B O P E L C Ň
M E M I R O L U B B E I N C
E G R H O F É O S J J K L R
T M P S E Z D L V V V E P R
R R K N K T M H O J T Y M A
```

VÝŠKA
BAJT
CENTIMETR
KILOGRAM
KILOMETR
DESETINNÝ
STUPEŇ
GRAM
ŠÍŘKA
LITR

DÉLKA
METR
MINUTA
UNCE
HMOTNOST
PINTA
PALEC
HLOUBKA
TÓN
OBJEM

1 - Salute e Benessere #2

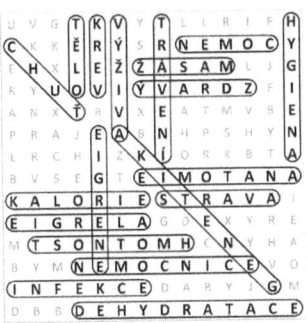

2 - Aggettivi #2

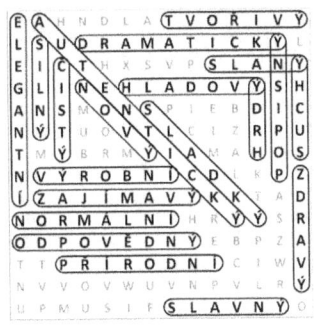

3 - Ingegneria

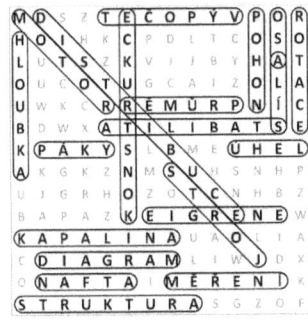

4 - Archeologia

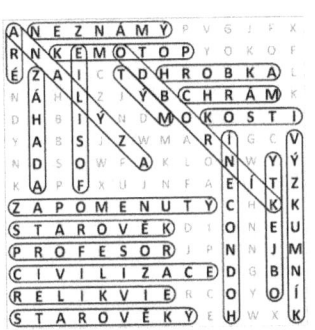

5 - Salute e Benessere #1

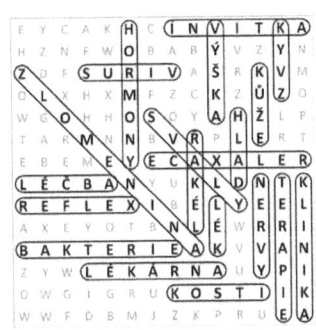

6 - Aggettivi #1

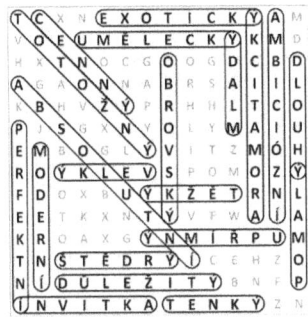

7 - Geologia

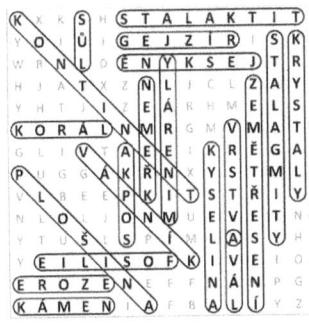

8 - Campeggio

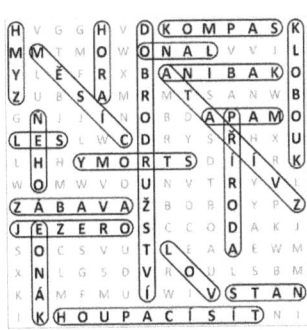

9 - Arti Visive

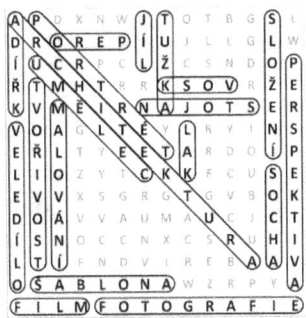

10 - Tempo

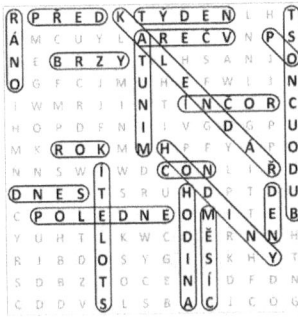

11 - Astronomia

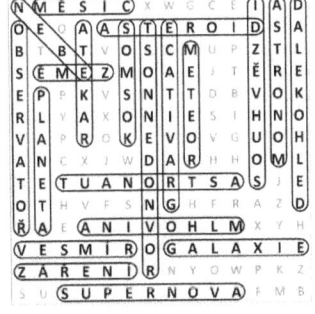

12 - Circo

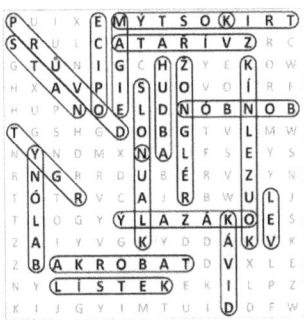

13 - Algebra

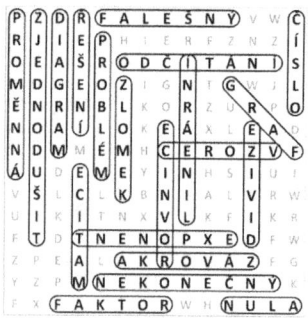

14 - Mitologia

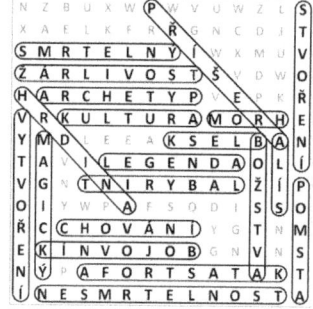

15 - Piante

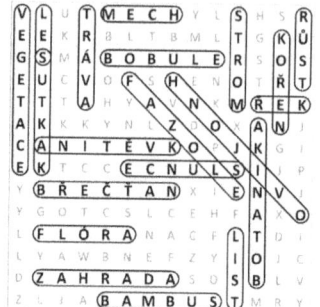

16 - Spezie

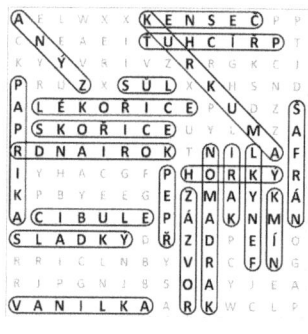

17 - Numeri

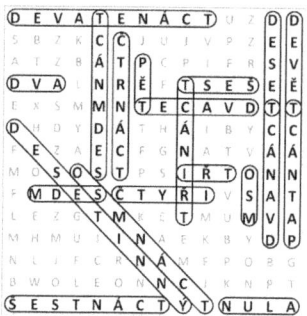

18 - Cioccolato

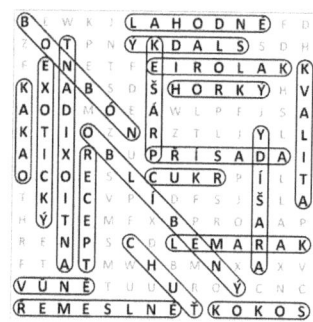

19 - Guida

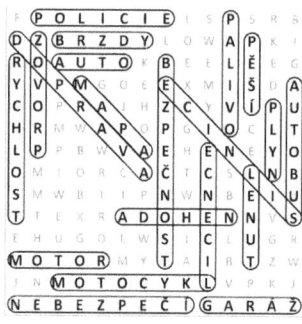

20 - I Media

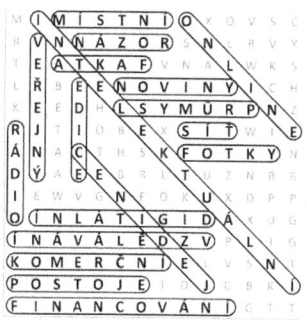

21 - Forza e Gravità

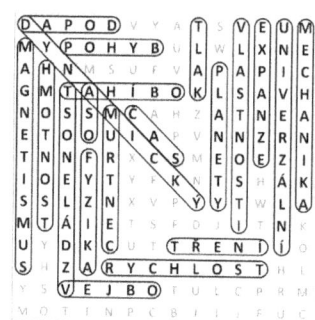

22 - Caffè

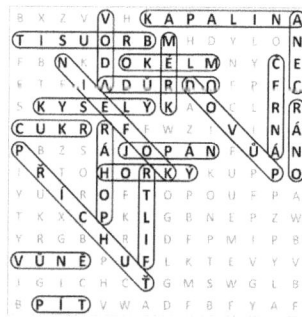

23 - Uccelli

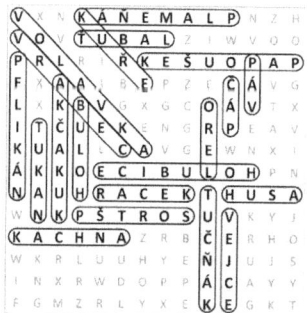

24 - Giorni e Mesi

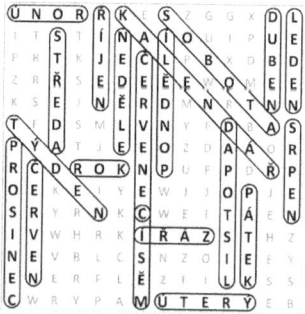

25 - Casa

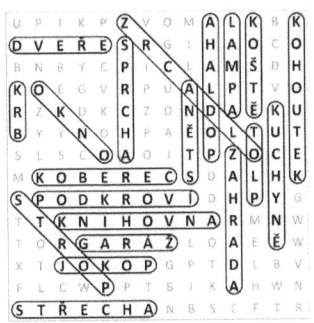

26 - Ristorante #1

27 - Fantascienza

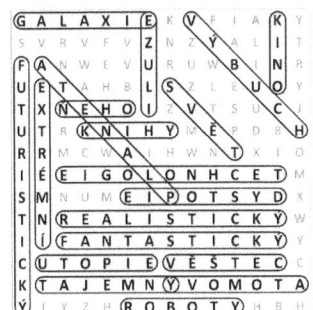

28 - Città

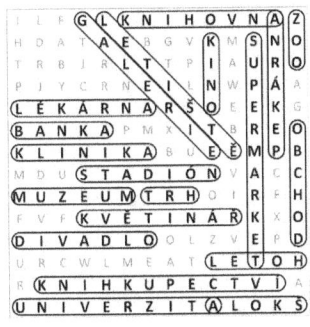

29 - Fattoria #1

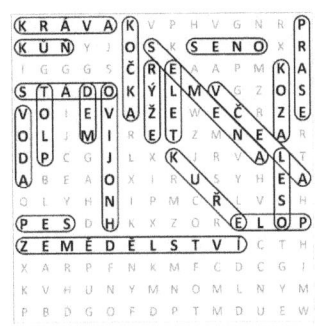

30 - Psicologia

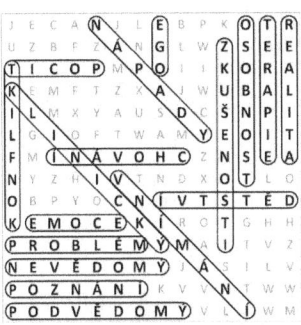

31 - Paesaggi

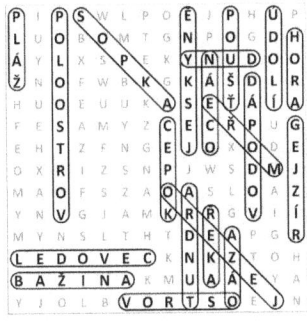

32 - Energia

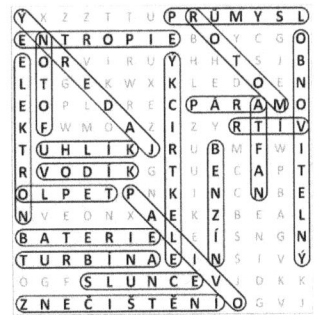

33 - Ristorante #2

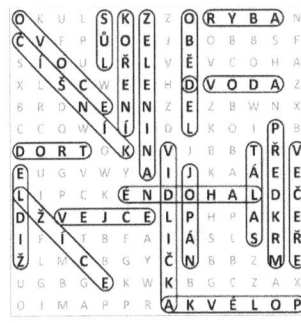

34 - Moda

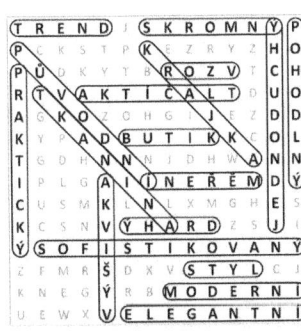

35 - L'Azienda

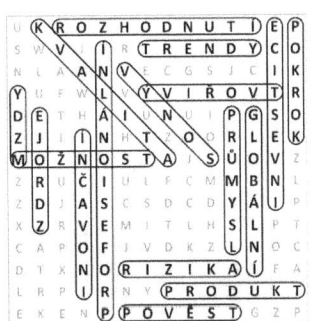

36 - Giardino

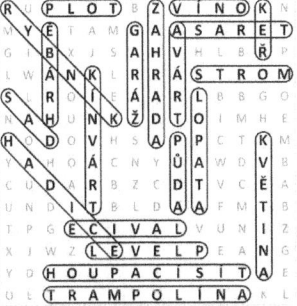

37 - Frutta

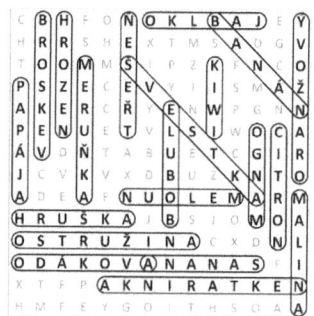

38 - Fattoria #2

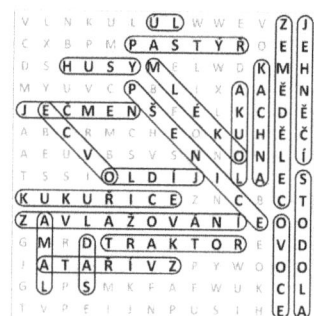

39 - Verdure

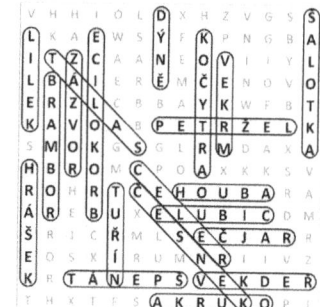

40 - Musica

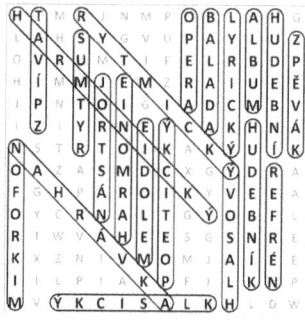

41 - Barbecue

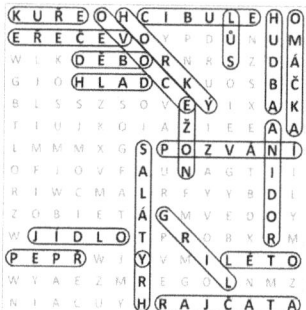

42 - Fisica

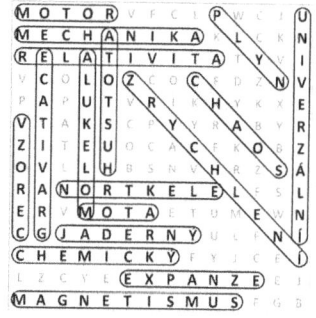

43 - Erboristeria

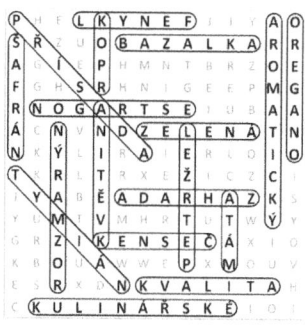

44 - Attività Commerciale

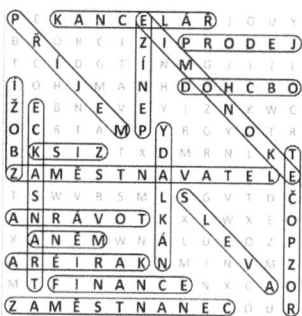

45 - Fiori

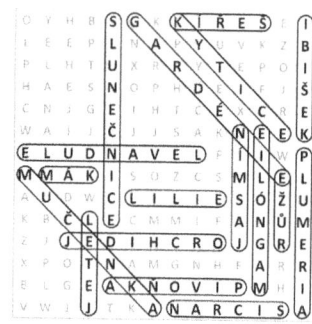

46 - Filantropia

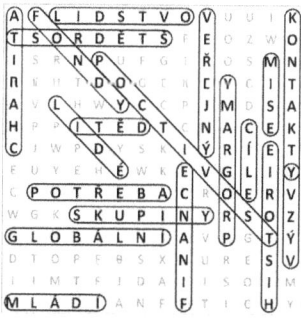

47 - Ecologia

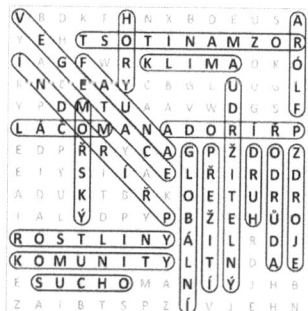

48 - Discipline Scientifiche

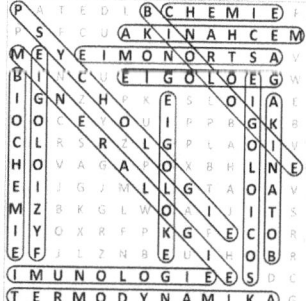

49 - Scienza

50 - Acqua

51 - Imbarcazioni

52 - Chimica

53 - Api

54 - Strumenti Musicali

55 - Professioni #2

56 - Letteratura

57 - Cibo #2

58 - Nutrizione

59 - Matematica

60 - Meditazione

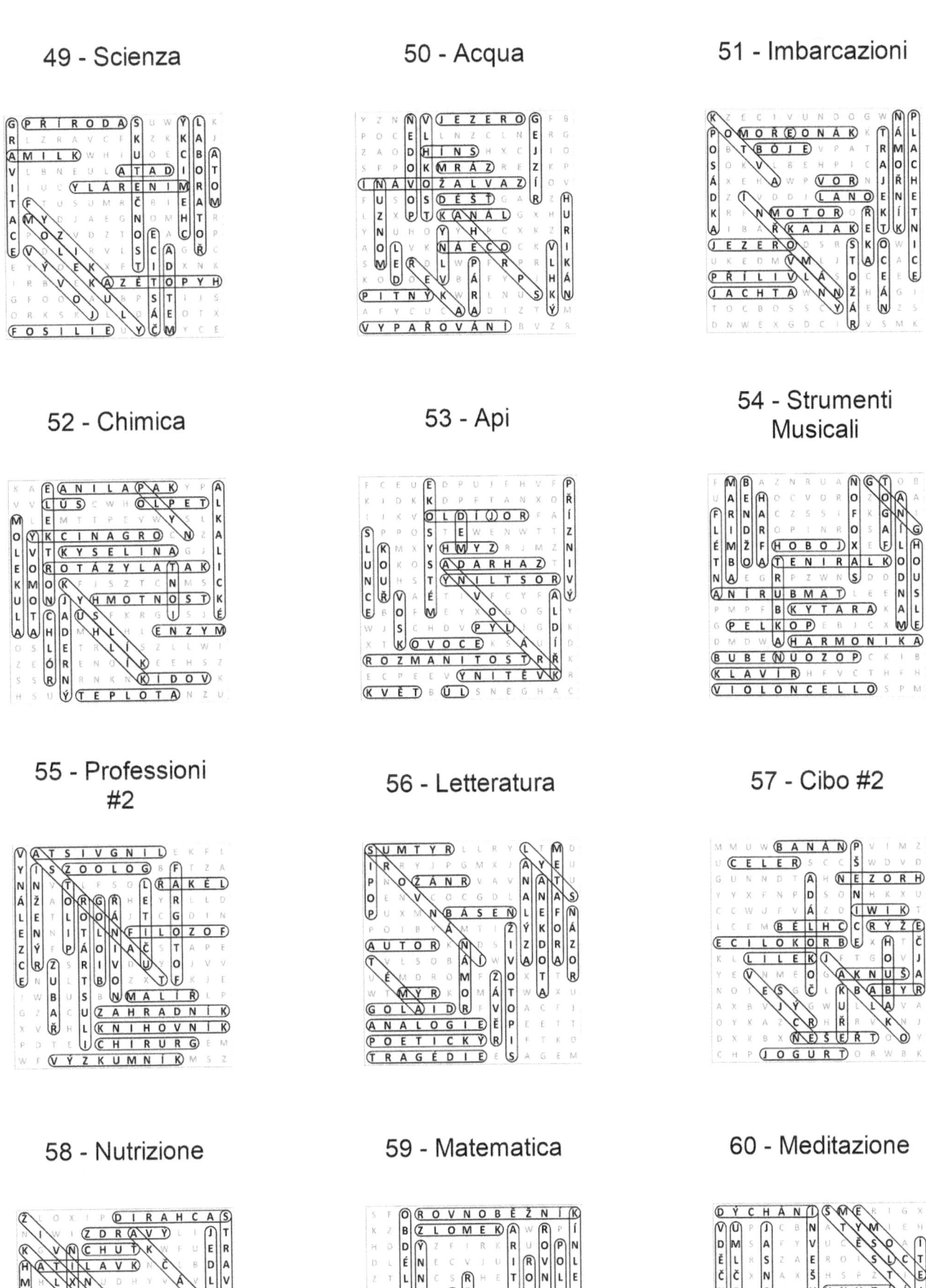

61 - Antiquariato

62 - Escursionismo

63 - Professioni #1

64 - Antartide

65 - Libri

66 - Geografia

67 - Cibo #1

68 - Etica

69 - Aeroplani

70 - Governo

71 - Bellezza

72 - Avventura

73 - Forme

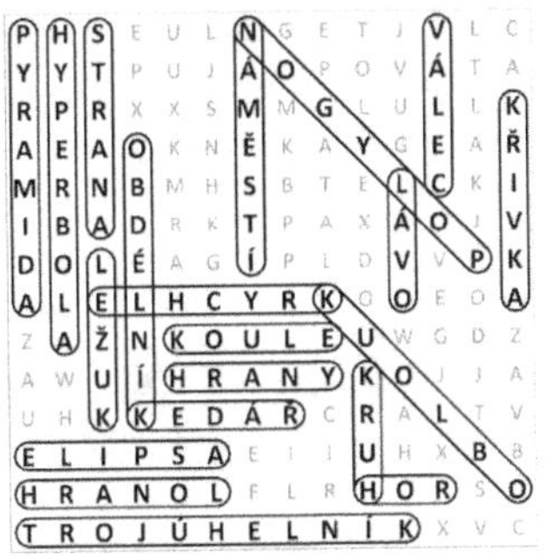

74 - Oceano

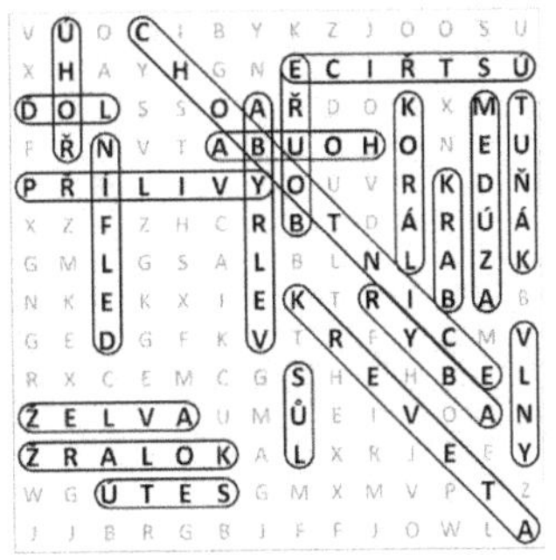

75 - Famiglia

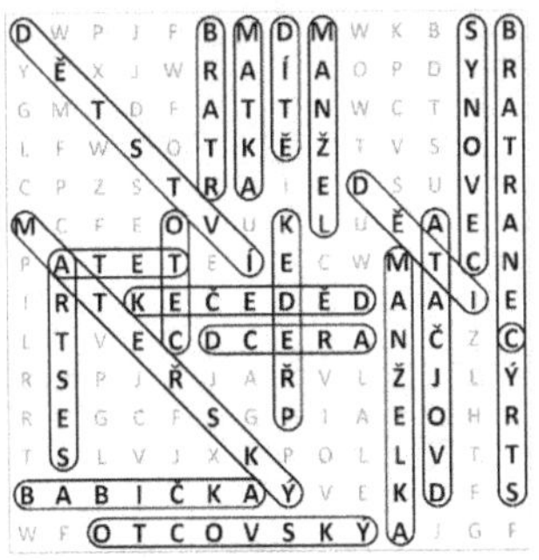

76 - Creatività

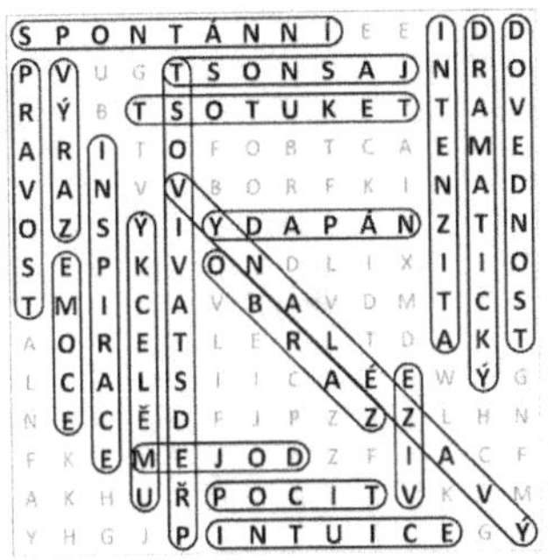

77 - Veicoli

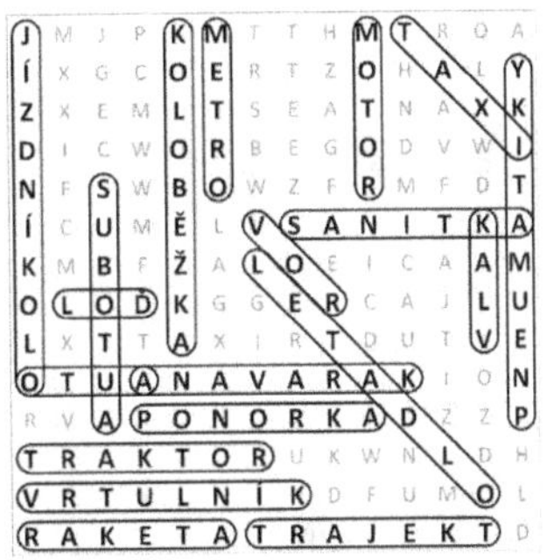

78 - Emozioni

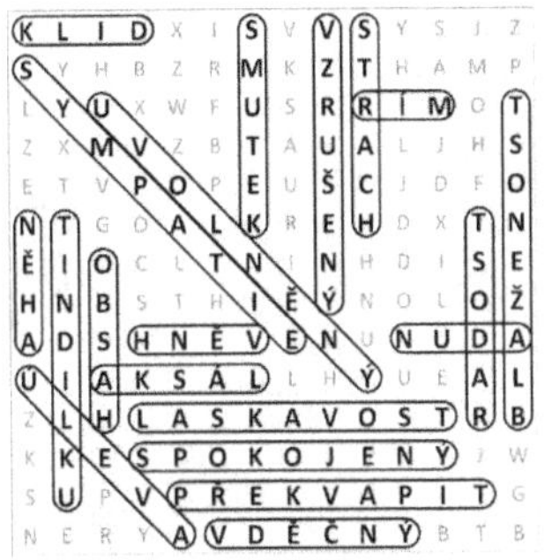

79 - Natura

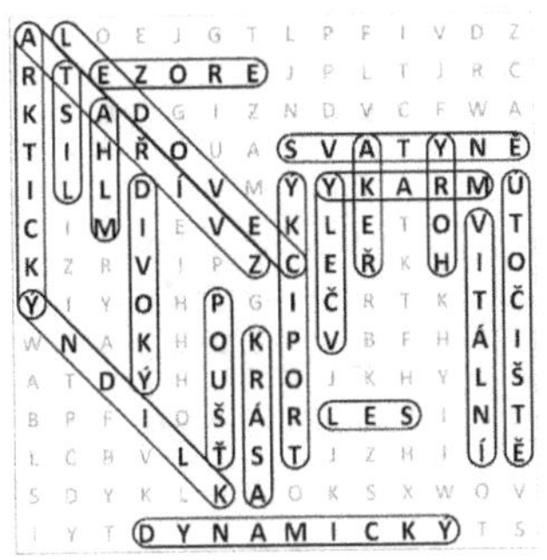

80 - Balletto

81 - Paesi #1

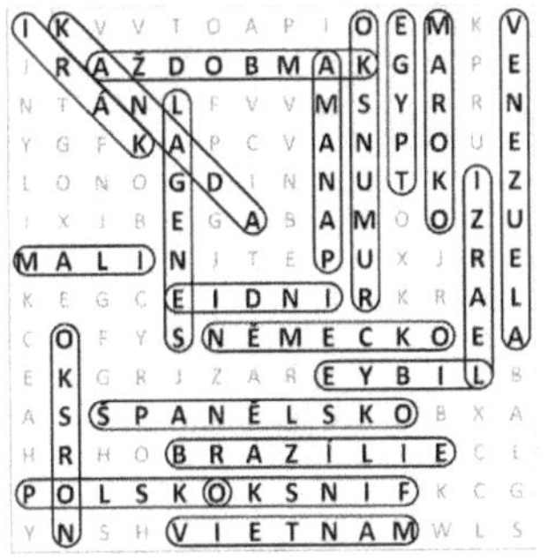

82 - Geometria

83 - Foresta Pluviale

84 - Edifici

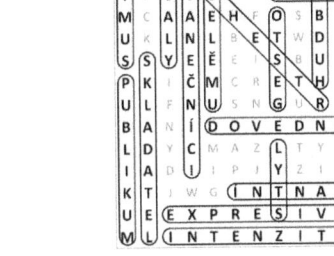
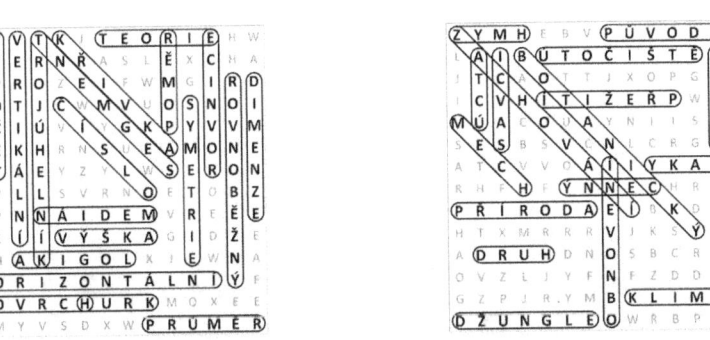
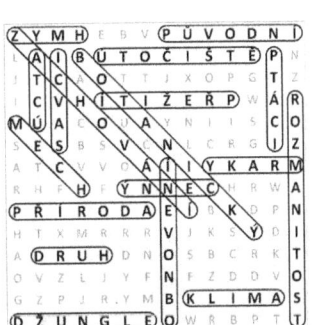

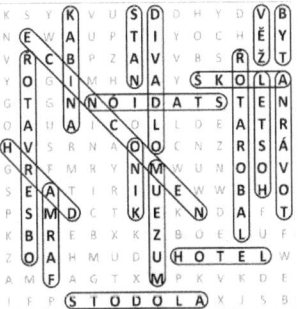

85 - Paesi #2

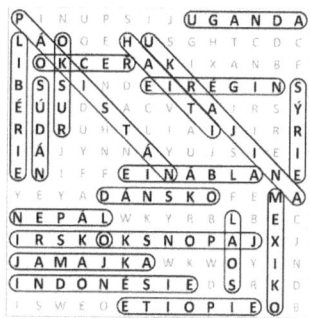

86 - Tipi di Capelli

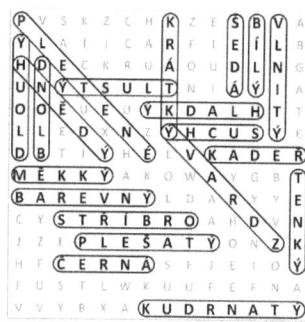

87 - Vestiti

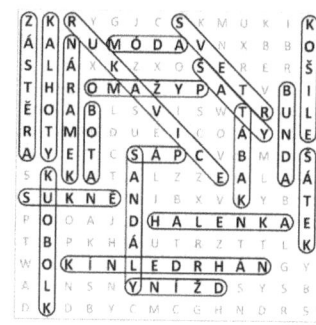

88 - Attività e Tempo Libero

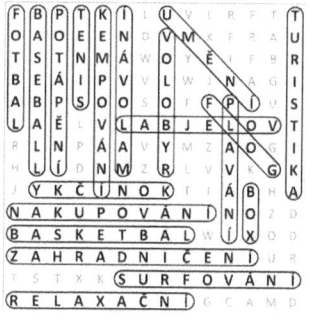

89 - Arte

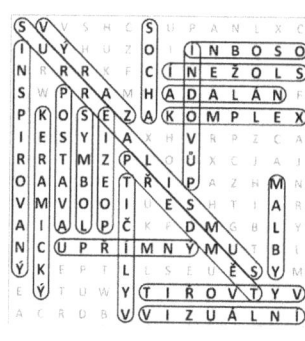

90 - Meteo

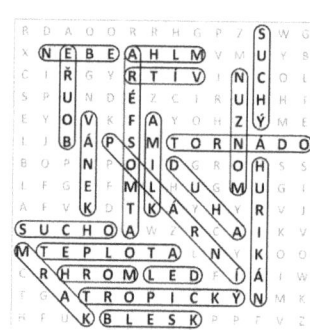

91 - Corpo Umano

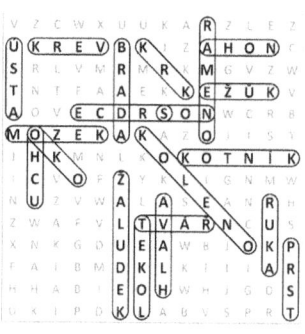

92 - Mammiferi

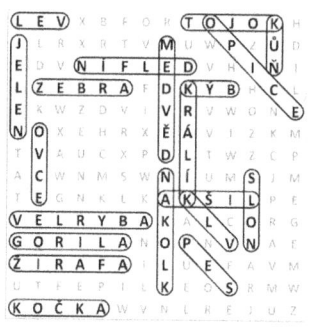

93 - Animali Domestici

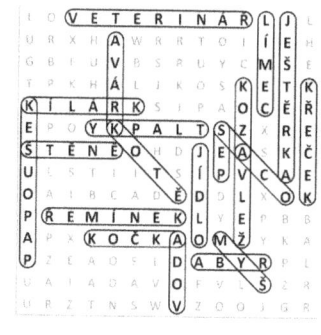

94 - Cucina

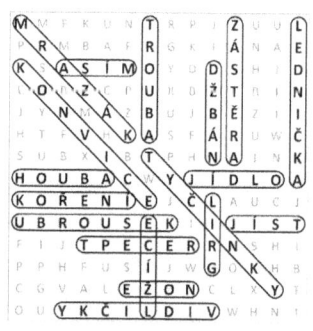

95 - Jazz

96 - Vacanze #2

97 - Attività

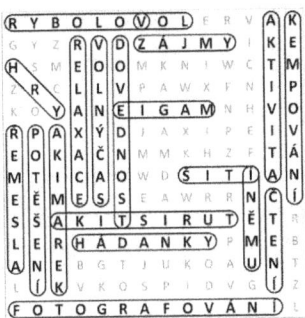

98 - Diplomazia

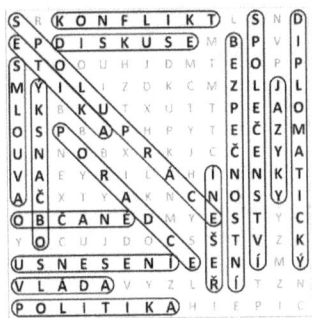

99 - Forniture Artistiche

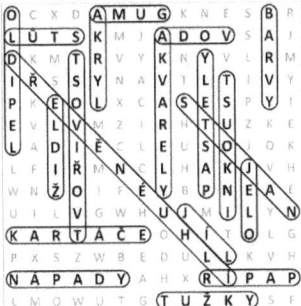

100 - Misurazioni

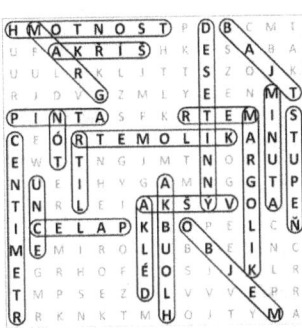

Dizionario

Acqua
Vodní

Alluvione	Povodeň
Canale	Kanál
Doccia	Sprcha
Evaporazione	Vypařování
Fiume	Řeka
Gelo	Mráz
Geyser	Gejzír
Ghiaccio	Led
Irrigazione	Zavlažování
Lago	Jezero
Monsone	Monzun
Neve	Sníh
Oceano	Oceán
Onde	Vlny
Pioggia	Déšť
Potabile	Pitný
Umidità	Vlhkost
Umido	Vlhký
Uragano	Hurikán
Vapore	Pára

Aeroplani
Letadla

Altezza	Výška
Aria	Vzduch
Atmosfera	Atmosféra
Atterraggio	Přistání
Avventura	Dobrodružství
Carburante	Palivo
Cielo	Nebe
Costruzione	Konstrukce
Design	Design
Direzione	Směr
Discesa	Sestup
Equipaggio	Posádka
Idrogeno	Vodík
Motore	Motor
Navigare	Navigovat
Palloncino	Balón
Passeggero	Cestující
Pilota	Pilot
Storia	Historie
Turbolenza	Turbulence

Aggettivi #1
Přídavná Jména #1

Ambizioso	Ambiciózní
Aromatico	Aromatický
Artistico	Umělecký
Assoluto	Absolutní
Attivo	Aktivní
Enorme	Obrovský
Esotico	Exotický
Generoso	Štědrý
Giovane	Mladý
Grande	Velký
Identico	Totožný
Importante	Důležitý
Lento	Pomalý
Lungo	Dlouhý
Moderno	Moderní
Onesto	Upřímný
Perfetto	Perfektní
Pesante	Těžký
Prezioso	Cenný
Sottile	Tenký

Aggettivi #2
Přídavná Jména #2

Affamato	Hladový
Asciutto	Suchý
Autentico	Autentický
Creativo	Tvořivý
Descrittivo	Popisný
Dolce	Sladký
Drammatico	Dramatický
Elegante	Elegantní
Famoso	Slavný
Forte	Silný
Interessante	Zajímavý
Naturale	Přírodní
Normale	Normální
Nuovo	Nový
Orgoglioso	Hrdý
Produttivo	Výrobní
Puro	Čistý
Responsabile	Odpovědný
Salato	Slaný
Sano	Zdravý

Algebra
Algebry

Diagramma	Diagram
Divisione	Divize
Equazione	Rovnice
Esponente	Exponent
Falso	Falešný
Fattore	Faktor
Formula	Vzorec
Frazione	Zlomek
Grafico	Graf
Infinito	Nekonečný
Lineare	Lineární
Matrice	Matice
Numero	Číslo
Parentesi	Závorka
Problema	Problém
Semplificare	Zjednodušit
Soluzione	Řešení
Sottrazione	Odčítání
Variabile	Proměnná
Zero	Nula

Animali Domestici
Domácí Mazlíčci

Acqua	Voda
Cane	Pes
Capra	Koza
Cibo	Jídlo
Coda	Ocas
Collare	Límec
Coniglio	Králík
Criceto	Křeček
Cucciolo	Štěně
Gattino	Kotě
Gatto	Kočka
Guinzaglio	Řemínek
Lucertola	Ještěrka
Mucca	Kráva
Pappagallo	Papoušek
Pesce	Ryba
Tartaruga	Želva
Topo	Myš
Veterinario	Veterinář
Zampe	Tlapky

Antartide
Antarktida

Acqua	Voda
Baia	Záliv
Balene	Velryby
Conservazione	Zachování
Continente	Kontinent
Esplorazione	Průzkum
Geografia	Zeměpis
Ghiacciai	Ledovce
Ghiaccio	Led
Isole	Ostrovy
Migrazione	Migrace
Minerali	Minerály
Nuvole	Mraky
Penisola	Poloostrov
Ricercatore	Výzkumník
Roccioso	Skalnatý
Scientifico	Vědecký
Spedizione	Expedice
Temperatura	Teplota
Topografia	Topografie

Antiquariato
Starožitnosti

Arte	Umění
Asta	Aukce
Autentico	Autentický
Condizione	Stav
Decenni	Dekády
Decorativo	Dekorativní
Elegante	Elegantní
Galleria	Galerie
Insolito	Neobvyklý
Investimento	Investice
Mobilio	Nábytek
Monete	Mince
Prezzo	Cena
Qualità	Kvalita
Restauro	Obnovení
Scultura	Socha
Secolo	Století
Stile	Styl
Valore	Hodnota
Vecchio	Starý

Api
Včely

Ali	Křídla
Alveare	Úl
Benefico	Příznivý
Cera	Vosk
Cibo	Jídlo
Diversità	Rozmanitost
Ecosistema	Ekosystém
Fiori	Květiny
Fiorire	Květ
Frutta	Ovoce
Fumo	Kouř
Giardino	Zahrada
Insetto	Hmyz
Miele	Med
Piante	Rostliny
Polline	Pyl
Regina	Královna
Sciame	Roj
Sole	Slunce

Archeologia
Archeologie

Analisi	Analýza
Antichità	Starověk
Antico	Starověký
Civiltà	Civilizace
Dimenticato	Zapomenutý
Discendente	Potomek
Era	Éra
Esperto	Odborník
Fossile	Fosilie
Mistero	Záhada
Oggetti	Objekty
Ossa	Kosti
Professore	Profesor
Reliquia	Relikvie
Ricercatore	Výzkumník
Sconosciuto	Neznámý
Squadra	Tým
Tempio	Chrám
Tomba	Hrobka
Valutazione	Hodnocení

Arte
Umění

Ceramica	Keramický
Complesso	Komplex
Composizione	Složení
Creare	Vytvořit
Dipinti	Malby
Espressione	Výraz
Figura	Postava
Ispirato	Inspirovaný
Onesto	Upřímný
Originale	Původní
Personale	Osobní
Poesia	Poezie
Ritrarre	Vylíčit
Scultura	Socha
Semplice	Jednoduchý
Simbolo	Symbol
Soggetto	Předmět
Surrealismo	Surrealismus
Umore	Nálada
Visivo	Vizuální

Arti Visive
Výtvarné Umění

Architettura	Architektura
Argilla	Jíl
Artista	Umělec
Capolavoro	Veledílo
Carbone	Dřevěné Uhlí
Cavalletto	Stojan
Cera	Vosk
Composizione	Složení
Creatività	Tvořivost
Film	Film
Fotografia	Fotografie
Gesso	Křída
Matita	Tužka
Penna	Pero
Pittura	Malování
Prospettiva	Perspektiva
Ritratto	Portrét
Scultura	Socha
Stampino	Šablona
Vernice	Lak

Astronomia
Astronomie

Asteroide	Asteroid
Astronauta	Astronaut
Astronomo	Astronom
Cielo	Nebe
Cosmo	Kosmos
Costellazione	Souhvězdí
Equinozio	Rovnodennost
Galassia	Galaxie
Gravità	Gravitace
Luna	Měsíc
Meteora	Meteor
Nebulosa	Mlhovina
Osservatorio	Observatoř
Pianeta	Planeta
Radiazione	Záření
Razzo	Raketa
Supernova	Supernova
Telescopio	Dalekohled
Terra	Země
Universo	Vesmír

Attività
Aktivity

Abilità	Dovednost
Arte	Umění
Artigianato	Řemesla
Attività	Aktivita
Caccia	Lov
Campeggio	Kempování
Ceramica	Keramika
Cucire	Šití
Escursioni	Turistika
Fotografia	Fotografování
Giardinaggio	Zahradničení
Giochi	Hry
Interessi	Zájmy
Lettura	Čtení
Magia	Magie
Pesca	Rybolov
Piacere	Potěšení
Puzzle	Hádanky
Rilassamento	Relaxace
Tempo Libero	Volný Čas

Attività Commerciale
Podnikání

Bilancio	Rozpočet
Carriera	Kariéra
Costo	Náklady
Datore di Lavoro	Zaměstnavatel
Dipendente	Zaměstnanec
Economia	Ekonomie
Fabbrica	Továrna
Finanza	Finance
Investimento	Investice
Merce	Zboží
Negozio	Obchod
Profitto	Zisk
Reddito	Příjem
Sconto	Sleva
Società	Společnost
Soldi	Peníze
Transazione	Transakce
Ufficio	Kancelář
Valuta	Měna
Vendita	Prodej

Attività e Tempo Libero
Aktivity a Volný Čas

Arte	Umění
Baseball	Baseball
Basket	Basketbal
Boxe	Box
Calcio	Fotbal
Campeggio	Kempování
Escursioni	Turistika
Giardinaggio	Zahradničení
Golf	Golf
Hobby	Koníčky
Immersione	Potápění
Nuoto	Plavání
Pallavolo	Volejbal
Pesca	Rybolov
Pittura	Malování
Rilassante	Relaxační
Shopping	Nakupování
Surf	Surfování
Tennis	Tenis
Viaggio	Cestovat

Avventura
Dobrodružství

Amici	Přátelé
Attività	Aktivita
Bellezza	Krása
Coraggio	Statečnost
Destinazione	Destinace
Difficoltà	Obtížnost
Entusiasmo	Nadšení
Escursione	Výlet
Gioia	Radost
Insolito	Neobvyklý
Itinerario	Itinerář
Natura	Příroda
Navigazione	Navigace
Nuovo	Nový
Opportunità	Příležitost
Pericoloso	Nebezpečný
Preparazione	Příprava
Sfide	Výzvy
Sicurezza	Bezpečnost
Viaggi	Cestuje

Balletto
Baletu

Abilità	Dovednost
Applauso	Potlesk
Artistico	Umělecký
Ballerina	Balerína
Ballerini	Tanečníci
Compositore	Skladatel
Coreografia	Choreografie
Espressivo	Expresivní
Gesto	Gesto
Grazioso	Elegantní
Intensità	Intenzita
Muscoli	Svaly
Musica	Hudba
Orchestra	Orchestr
Pratica	Praxe
Prova	Zkouška
Pubblico	Publikum
Ritmo	Rytmus
Stile	Styl
Tecnica	Technika

Barbecue
Grilování

Caldo	Horký
Cena	Večeře
Cibo	Jídlo
Cipolle	Cibule
Coltelli	Nože
Estate	Léto
Fame	Hlad
Famiglia	Rodina
Frutta	Ovoce
Giochi	Hry
Griglia	Gril
Insalate	Saláty
Invito	Pozvání
Musica	Hudba
Pepe	Pepř
Pollo	Kuře
Pomodori	Rajčata
Pranzo	Oběd
Sale	Sůl
Salsa	Omáčka

Bellezza
Krása

Colore	Barva
Cosmetici	Kosmetika
Elegante	Elegantní
Eleganza	Elegance
Fascino	Kouzlo
Forbici	Nůžky
Fotogenico	Fotogenický
Fragranza	Vůně
Grazia	Milost
Liscio	Hladký
Mascara	Řasenka
Oli	Oleje
Pelle	Kůže
Prodotti	Produkty
Riccioli	Kadeř
Rossetto	Rtěnka
Servizi	Služby
Shampoo	Šampon
Specchio	Zrcadlo
Stilista	Stylista

Caffè
Káva

Acido	Kyselý
Acqua	Voda
Amaro	Horký
Aroma	Vůně
Bere	Pít
Bevanda	Nápoj
Caffeina	Kofein
Crema	Krém
Filtro	Filtr
Gusto	Příchuť
Latte	Mléko
Liquido	Kapalina
Macinare	Brousit
Mattina	Ráno
Nero	Černá
Origine	Původ
Prezzo	Cena
Tazza	Pohár
Varietà	Odrůda
Zucchero	Cukr

Campeggio
Kempování

Alberi	Stromy
Amaca	Houpací Sít
Animali	Zvířata
Avventura	Dobrodružství
Bussola	Kompas
Cabina	Kabina
Caccia	Lov
Canoa	Kánoe
Cappello	Klobouk
Corda	Lano
Divertimento	Zábava
Foresta	Les
Fuoco	Oheň
Insetto	Hmyz
Lago	Jezero
Luna	Měsíc
Mappa	Mapa
Montagna	Hora
Natura	Příroda
Tenda	Stan

Casa
Dům

Attico	Podkroví
Biblioteca	Knihovna
Camera	Pokoj
Camino	Krb
Cucina	Kuchyně
Doccia	Sprcha
Finestra	Okno
Garage	Garáž
Giardino	Zahrada
Lampada	Lampa
Parete	Stěna
Pavimento	Podlaha
Porta	Dveře
Recinto	Plot
Rubinetto	Kohoutek
Scopa	Koště
Soffitto	Strop
Specchio	Zrcadlo
Tappeto	Koberec
Tetto	Střecha

Chimica
Chemie

Acido	Kyselina
Alcalino	Alkalické
Atomico	Atomový
Calore	Teplo
Carbonio	Uhlík
Catalizzatore	Katalyzátor
Cloro	Chlór
Elettrone	Elektron
Enzima	Enzym
Gas	Plyn
Idrogeno	Vodík
Ione	Iont
Liquido	Kapalina
Molecola	Molekula
Nucleare	Jaderný
Organico	Organický
Ossigeno	Kyslík
Peso	Hmotnost
Sale	Sůl
Temperatura	Teplota

Cibo #1
Potraviny #1

Aglio	Česnek
Basilico	Bazalka
Cannella	Skořice
Carne	Maso
Carota	Mrkev
Cipolla	Cibule
Fragola	Jahoda
Insalata	Salát
Latte	Mléko
Limone	Citron
Menta	Máta
Orzo	Ječmen
Pera	Hruška
Rapa	Tuřín
Sale	Sůl
Spinaci	Špenát
Succo	Šťáva
Tonno	Tuňák
Torta	Dort
Zucchero	Cukr

Cibo #2
Potraviny #2

Banana	Banán
Broccolo	Brokolice
Ciliegia	Třešeň
Cioccolato	Čokoláda
Formaggio	Sýr
Fungo	Houba
Grano	Pšenice
Kiwi	Kiwi
Mela	Jablko
Melanzana	Lilek
Pane	Chléb
Pesce	Ryba
Pollo	Kuře
Pomodoro	Rajče
Prosciutto	Šunka
Riso	Rýže
Sedano	Celer
Uovo	Vejce
Uva	Hrozen
Yogurt	Jogurt

Cioccolato
Čokoláda

Amaro	Horký
Antiossidante	Antioxidant
Arachidi	Arašídy
Aroma	Vůně
Artigianale	Řemeslné
Cacao	Kakao
Calorie	Kalorie
Caramella	Bonbón
Caramello	Karamel
Delizioso	Lahodné
Dolce	Sladký
Esotico	Exotický
Gusto	Chuť
Ingrediente	Přísada
Noce di Cocco	Kokos
Polvere	Prášek
Preferito	Oblíbený
Qualità	Kvalita
Ricetta	Recept
Zucchero	Cukr

Circo
Cirkus

Acrobata	Akrobat
Animali	Zvířata
Biglietto	Lístek
Caramella	Bonbón
Clown	Klaun
Costume	Kostým
Elefante	Slon
Giocoliere	Žonglér
Leone	Lev
Magia	Magie
Mago	Kouzelník
Musica	Hudba
Palloncini	Balóny
Parata	Průvod
Scimmia	Opice
Spettacolare	Okázalý
Spettatore	Divák
Tenda	Stan
Tigre	Tygr
Trucco	Trik

Città
Městské

Aeroporto	Letiště
Banca	Banka
Biblioteca	Knihovna
Cinema	Kino
Clinica	Klinika
Farmacia	Lékárna
Fiorista	Květinář
Galleria	Galerie
Hotel	Hotel
Libreria	Knihkupectví
Mercato	Trh
Museo	Muzeum
Negozio	Obchod
Panetteria	Pekárna
Scuola	Škola
Stadio	Stadión
Supermercato	Supermarket
Teatro	Divadlo
Università	Univerzita
Zoo	Zoo

Corpo Umano
Lidské Tělo

Bocca	Ústa
Caviglia	Kotník
Cervello	Mozek
Collo	Krk
Cuore	Srdce
Dito	Prst
Faccia	Tvář
Gamba	Noha
Ginocchio	Koleno
Gomito	Loket
Mano	Ruka
Mento	Brada
Naso	Nos
Occhio	Oko
Orecchio	Ucho
Pelle	Kůže
Sangue	Krev
Spalla	Rameno
Stomaco	Žaludek
Testa	Hlava

Creatività
Kreativita

Abilità	Dovednost
Artistico	Umělecký
Autenticità	Pravost
Chiarezza	Jasnost
Drammatico	Dramatický
Emozioni	Emoce
Espressione	Výraz
Fluidità	Tekutost
Idee	Nápady
Immaginazione	Představivost
Immagine	Obraz
Impressione	Dojem
Intensità	Intenzita
Intuizione	Intuice
Inventivo	Vynalézavý
Ispirazione	Inspirace
Sensazione	Pocit
Spontaneo	Spontánní
Visioni	Vize
Vitalità	Vitalita

Cucina
Kuchyně

Bacchette	Tyčinky
Bollitore	Konvice
Brocca	Džbán
Cibo	Jídlo
Ciotola	Mísa
Coltelli	Nože
Congelatore	Mrazák
Cucchiai	Lžíce
Forchette	Vidličky
Forno	Trouba
Frigorifero	Lednička
Grembiule	Zástěra
Griglia	Gril
Mangiare	Jíst
Mestolo	Naběračka
Ricetta	Recept
Spezie	Koření
Spugna	Houba
Tovagliolo	Ubrousek
Vaso	Sklenice

Diplomazia
Diplomacie

Ambasciatore	Velvyslanec
Cittadini	Občané
Civico	Občanský
Comunità	Společenství
Conflitto	Konflikt
Consigliere	Poradce
Cooperazione	Spolupráce
Diplomatico	Diplomatický
Discussione	Diskuse
Etica	Etika
Giustizia	Spravedlnost
Governo	Vláda
Integrità	Integrita
Lingue	Jazyky
Politica	Politika
Risoluzione	Usnesení
Sicurezza	Bezpečnostní
Soluzione	Řešení
Trattato	Smlouva
Umanitario	Humanitární

Discipline Scientifiche
Vědecké Disciplíny

Anatomia	Anatomie
Archeologia	Archeologie
Astronomia	Astronomie
Biochimica	Biochemie
Biologia	Biologie
Botanica	Botanika
Chimica	Chemie
Ecologia	Ekologie
Fisiologia	Fyziologie
Geologia	Geologie
Immunologia	Imunologie
Linguistica	Jazykověda
Meccanica	Mechanika
Meteorologia	Meteorologie
Mineralogia	Mineralogie
Neurologia	Neurologie
Psicologia	Psychologie
Sociologia	Sociologie
Termodinamica	Termodynamika
Zoologia	Zoologie

Ecologia
Ekologie

Clima	Klima
Comunità	Komunity
Diversità	Rozmanitost
Fauna	Fauna
Flora	Flóra
Globale	Globální
Marino	Mořský
Montagne	Hory
Natura	Příroda
Naturale	Přírodní
Palude	Močál
Piante	Rostliny
Risorse	Zdroje
Siccità	Sucho
Sopravvivenza	Přežití
Sostenibile	Udržitelný
Specie	Druh
Varietà	Odrůda
Vegetazione	Vegetace
Volontari	Dobrovolníci

Edifici
Budovy

Appartamento	Byt
Cabina	Kabina
Castello	Hrad
Cinema	Kino
Fabbrica	Továrna
Fattoria	Farma
Fienile	Stodola
Hotel	Hotel
Laboratorio	Laboratoř
Museo	Muzeum
Ospedale	Nemocnice
Osservatorio	Observatoř
Ostello	Hostel
Scuola	Škola
Stadio	Stadión
Supermercato	Supermarket
Teatro	Divadlo
Tenda	Stan
Torre	Věž
Università	Univerzita

Emozioni
Emoce

Amore	Láska
Beatitudine	Blaženost
Calma	Uklidnit
Contenuto	Obsah
Eccitato	Vzrušený
Gentilezza	Laskavost
Gioia	Radost
Grato	Vděčný
Noia	Nuda
Pace	Mír
Paura	Strach
Rabbia	Hněv
Rilassato	Uvolněný
Rilievo	Úleva
Simpatia	Sympatie
Soddisfatto	Spokojený
Sorpresa	Překvapit
Tenerezza	Něha
Tranquillità	Klid
Tristezza	Smutek

Energia
Energie

Batteria	Baterie
Benzina	Benzín
Calore	Teplo
Carbonio	Uhlík
Carburante	Palivo
Diesel	Nafta
Elettrico	Elektrický
Elettrone	Elektron
Entropia	Entropie
Fotone	Foton
Idrogeno	Vodík
Industria	Průmysl
Inquinamento	Znečištění
Motore	Motor
Nucleare	Jaderný
Rinnovabile	Obnovitelný
Sole	Slunce
Turbina	Turbína
Vapore	Pára
Vento	Vítr

Erboristeria
Bylinkářství

Aglio	Česnek
Aneto	Kopr
Aromatico	Aromatický
Basilico	Bazalka
Culinario	Kulinářské
Dragoncello	Estragon
Finocchio	Fenykl
Fiore	Květina
Giardino	Zahrada
Ingrediente	Přísada
Lavanda	Levandule
Maggiorana	Majoránka
Menta	Máta
Origano	Oregano
Prezzemolo	Petržel
Qualità	Kvalita
Rosmarino	Rozmarýn
Timo	Tymián
Verde	Zelená
Zafferano	Šafrán

Escursionismo
Pěší Turistika

Acqua	Voda
Animali	Zvířata
Campeggio	Kempování
Clima	Klima
Guide	Průvodce
Mappa	Mapa
Montagna	Hora
Natura	Příroda
Orientamento	Orientace
Parchi	Parky
Pericoli	Nebezpečí
Pesante	Těžký
Pietre	Kameny
Preparazione	Příprava
Scogliera	Útes
Selvaggio	Divoký
Sole	Slunce
Stanco	Unavený
Stivali	Boty
Vertice	Summit

Etica
Etiky

Altruismo	Altruismus
Benevolo	Benevolentní
Compassione	Soucit
Cooperazione	Spolupráce
Dignità	Důstojnost
Diplomatico	Diplomatický
Filosofia	Filozofie
Gentilezza	Laskavost
Integrità	Integrita
Onestà	Poctivost
Ottimismo	Optimismus
Pazienza	Trpělivost
Ragionevole	Rozumné
Razionalità	Rozumnost
Realismo	Realismus
Rispettoso	Uctivý
Saggezza	Moudrost
Tolleranza	Tolerance
Umanità	Lidstvo
Valori	Hodnoty

Famiglia
Rodinná

Antenato	Předek
Bambini	Děti
Bambino	Dítě
Cugino	Bratranec
Figlia	Dcera
Fratello	Bratr
Gemelli	Dvojčata
Infanzia	Dětství
Madre	Matka
Marito	Manžel
Materno	Mateřský
Moglie	Manželka
Nipote	Synovec
Nonna	Babička
Nonno	Dědeček
Padre	Otec
Paterno	Otcovský
Sorella	Sestra
Zia	Teta
Zio	Strýc

Fantascienza
Science Fiction

Atomico	Atomový
Cinema	Kino
Distopia	Dystopie
Esplosione	Výbuch
Estremo	Extrémní
Fantastico	Fantastický
Fuoco	Oheň
Futuristico	Futuristický
Galassia	Galaxie
Illusione	Iluze
Immaginario	Imaginární
Libri	Knihy
Misterioso	Tajemný
Mondo	Svět
Oracolo	Věštec
Pianeta	Planeta
Realistico	Realistický
Robot	Roboty
Tecnologia	Technologie
Utopia	Utopie

Fattoria #1
Farma #1

Acqua	Voda
Agricoltura	Zemědělství
Ape	Včela
Asino	Osel
Campo	Pole
Cane	Pes
Capra	Koza
Cavallo	Kůň
Fertilizzante	Hnojivo
Fieno	Seno
Gatto	Kočka
Gregge	Stádo
Maiale	Prase
Miele	Med
Mucca	Kráva
Pollo	Kuře
Recinto	Plot
Riso	Rýže
Semi	Semena
Vitello	Tele

Fattoria #2
Farma #2

Agnello	Jehněčí
Agricoltore	Zemědělec
Alveare	Úl
Anatra	Kachna
Animali	Zvířata
Cibo	Jídlo
Fienile	Stodola
Frutta	Ovoce
Frutteto	Sad
Grano	Pšenice
Irrigazione	Zavlažování
Lama	Lama
Latte	Mléko
Mais	Kukuřice
Oche	Husy
Orzo	Ječmen
Pastore	Pastýř
Pecora	Ovce
Prato	Louka
Trattore	Traktor

Filantropia
Filantropie

Bambini	Děti
Bisogno	Potřeba
Carità	Charita
Comunità	Společenství
Contatti	Kontakty
Finanza	Finance
Fondi	Fondy
Generosità	Štědrost
Gioventù	Mládí
Globale	Globální
Gruppi	Skupiny
Missione	Mise
Obiettivi	Cíle
Onestà	Poctivost
Persone	Lidé
Programmi	Programy
Pubblico	Veřejný
Sfide	Výzvy
Storia	Historie
Umanità	Lidstvo

Fiori
Květiny

Dente di Leone	Pampeliška
Gardenia	Gardénie
Gelsomino	Jasmín
Giglio	Lilie
Girasole	Slunečnice
Ibisco	Ibišek
Lavanda	Levandule
Lilla	Šeřík
Magnolia	Magnólie
Margherita	Sedmikráska
Mazzo	Kytice
Narciso	Narcis
Orchidea	Orchidej
Papavero	Mák
Passiflora	Mučenka
Peonia	Pivoňka
Plumeria	Plumeria
Rosa	Růže
Trifoglio	Jetel
Tulipano	Tulipán

Fisica
Fyzika

Accelerazione	Zrychlení
Atomo	Atom
Caos	Chaos
Chimico	Chemický
Densità	Hustota
Elettrone	Elektron
Espansione	Expanze
Formula	Vzorec
Frequenza	Frekvence
Gas	Plyn
Gravità	Gravitace
Magnetismo	Magnetismus
Meccanica	Mechanika
Molecola	Molekula
Motore	Motor
Nucleare	Jaderný
Particella	Částice
Relatività	Relativita
Universale	Univerzální
Velocità	Rychlost

Foresta Pluviale
Deštný Prales

Anfibi	Obojživelníci
Botanico	Botanický
Clima	Klima
Comunità	Společenství
Diversità	Rozmanitost
Giungla	Džungle
Indigeno	Původní
Insetti	Hmyz
Mammiferi	Savci
Muschio	Mech
Natura	Příroda
Nuvole	Mraky
Preservazione	Zachování
Prezioso	Cenný
Restauro	Obnovení
Rifugio	Útočiště
Rispetto	Úcta
Sopravvivenza	Přežití
Specie	Druh
Uccelli	Ptáci

Forme
Obrazec

Angolo	Roh
Arco	Oblouk
Bordi	Hrany
Cerchio	Kruh
Cilindro	Válec
Cono	Kužel
Cubo	Krychle
Curva	Křivka
Ellisse	Elipsa
Iperbole	Hyperbola
Lato	Strana
Linea	Řádek
Ovale	Ovál
Piramide	Pyramida
Poligono	Polygon
Prisma	Hranol
Quadrato	Náměstí
Rettangolo	Obdélník
Sfera	Koule
Triangolo	Trojúhelník

Forniture Artistiche
Výtvarné Potřeby

Acqua	Voda
Acquerelli	Akvarely
Acrilico	Akryl
Argilla	Jíl
Carbone	Dřevěné Uhlí
Carta	Papír
Cavalletto	Stojan
Colla	Lepidlo
Colori	Barvy
Creatività	Tvořivost
Gomma	Guma
Idee	Nápady
Inchiostro	Inkoust
Matite	Tužky
Olio	Olej
Pastelli	Pastely
Sedia	Židle
Spazzole	Kartáče
Tavolo	Stůl
Telecamera	Fotoaparát

Forza e Gravità
Síla a Gravitace

Asse	Osa
Attrito	Tření
Centro	Centrum
Dinamico	Dynamický
Distanza	Vzdálenost
Espansione	Expanze
Fisica	Fyzika
Impatto	Dopad
Magnetismo	Magnetismus
Meccanica	Mechanika
Movimento	Pohyb
Orbita	Obíhat
Peso	Hmotnost
Pianeti	Planety
Pressione	Tlak
Proprietà	Vlastnosti
Scoperta	Objev
Tempo	Čas
Universale	Univerzální
Velocità	Rychlost

Frutta
Ovoce

Albicocca	Meruňka
Ananas	Ananas
Arancia	Oranžový
Avocado	Avokádo
Bacca	Bobule
Banana	Banán
Ciliegia	Třešeň
Kiwi	Kiwi
Lampone	Malina
Limone	Citron
Mango	Mango
Mela	Jablko
Melone	Meloun
Mora	Ostružina
Nettarina	Nektarinka
Papaia	Papája
Pera	Hruška
Pesca	Broskev
Prugna	Švestka
Uva	Hrozen

Geografia
Kategorie: Geografie

Atlante	Atlas
Città	Město
Continente	Kontinent
Emisfero	Polokoule
Equatore	Rovník
Fiume	Řeka
Globo	Zeměkoule
Isola	Ostrov
Mappa	Mapa
Mare	Moře
Meridiano	Poledník
Mondo	Svět
Montagna	Hora
Nord	Severní
Oceano	Oceán
Ovest	Západ
Paese	Země
Regione	Region
Sud	Jih
Territorio	Území

Geologia
Geologie

Acido	Kyselina
Altopiano	Plošina
Calcio	Vápník
Caverna	Jeskyně
Continente	Kontinent
Corallo	Korál
Cristalli	Krystaly
Erosione	Eroze
Fossile	Fosilie
Geyser	Gejzír
Lava	Láva
Minerali	Minerály
Pietra	Kámen
Quarzo	Křemen
Sale	Sůl
Stalagmiti	Stalagmity
Stalattite	Stalaktit
Strato	Vrstva
Terremoto	Zemětřesení
Vulcano	Sopka

Geometria
Geometrie

Altezza	Výška
Angolo	Úhel
Calcolo	Výpočet
Cerchio	Kruh
Curva	Křivka
Diametro	Průměr
Dimensione	Dimenze
Equazione	Rovnice
Logica	Logika
Mediano	Medián
Numero	Číslo
Orizzontale	Horizontální
Parallelo	Rovnoběžný
Proporzione	Poměr
Segmento	Segment
Simmetria	Symetrie
Superficie	Povrch
Teoria	Teorie
Triangolo	Trojúhelník
Verticale	Vertikální

Giardino
Zahrada

Albero	Strom
Amaca	Houpací Sít
Cespuglio	Keř
Erba	Tráva
Erbacce	Plevel
Fiore	Květina
Frutteto	Sad
Garage	Garáž
Giardino	Zahrada
Pala	Lopata
Panca	Lavice
Prato	Trávník
Rastrello	Hrábě
Recinto	Plot
Stagno	Rybník
Suolo	Půda
Terrazza	Terasa
Trampolino	Trampolína
Tubo	Hadice
Vite	Víno

Giorni e Mesi
Dny a Měsíce

Agosto	Srpen
Anno	Rok
Aprile	Duben
Calendario	Kalendář
Dicembre	Prosinec
Domenica	Neděle
Febbraio	Únor
Gennaio	Leden
Giugno	Červen
Luglio	Červenec
Lunedì	Pondělí
Martedì	Úterý
Mercoledì	Středa
Mese	Měsíc
Novembre	Listopad
Ottobre	Říjen
Sabato	Sobota
Settembre	Září
Settimana	Týden
Venerdì	Pátek

Governo
Vláda

Capo	Vůdce
Cittadinanza	Občanství
Civile	Civilní
Costituzione	Ústava
Democrazia	Demokracie
Discorso	Projev
Discussione	Diskuse
Giudiziario	Soudní
Giustizia	Spravedlnost
Indipendenza	Nezávislost
Legge	Zákon
Libertà	Svoboda
Monumento	Pomník
Nazionale	Národní
Nazione	Národ
Politica	Politika
Quartiere	Okres
Simbolo	Symbol
Stato	Stát
Uguaglianza	Rovnost

Guida
Řízení

Auto	Auto
Autobus	Autobus
Carburante	Palivo
Freni	Brzdy
Garage	Garáž
Gas	Plyn
Incidente	Nehoda
Licenza	Licence
Mappa	Mapa
Moto	Motocykl
Motore	Motor
Pedonale	Pěší
Pericolo	Nebezpečí
Polizia	Policie
Sicurezza	Bezpečnost
Strada	Silnice
Traffico	Provoz
Trasporto	Doprava
Tunnel	Tunel
Velocità	Rychlost

I Media
Médium

Atteggiamenti	Postoje
Commerciale	Komerční
Comunicazione	Komunikace
Digitale	Digitální
Edizione	Edice
Educazione	Vzdělávání
Fatti	Fakta
Finanziamento	Financování
Foto	Fotky
Giornali	Noviny
Individuale	Jedinec
Industria	Průmysl
Intellettuale	Intelektuální
Locale	Místní
Online	Online
Opinione	Názor
Pubblico	Veřejný
Radio	Rádio
Rete	Síť
Televisione	Televize

Imbarcazioni
Lodě

Albero	Stožár
Ancora	Kotva
Barca a Vela	Plachetnice
Boa	Bóje
Canoa	Kánoe
Corda	Lano
Equipaggio	Posádka
Fiume	Řeka
Kayak	Kajak
Lago	Jezero
Mare	Moře
Marea	Příliv
Marinaio	Námořník
Motore	Motor
Nautico	Námořní
Oceano	Oceán
Onde	Vlny
Traghetto	Trajekt
Yacht	Jachta
Zattera	Vor

Ingegneria
Inženýrství

Angolo	Úhel
Asse	Osa
Calcolo	Výpočet
Costruzione	Konstrukce
Diagramma	Diagram
Diametro	Průměr
Diesel	Nafta
Distribuzione	Distribuce
Energia	Energie
Forza	Síla
Leve	Páky
Liquido	Kapalina
Macchina	Stroj
Misurazione	Měření
Motore	Motor
Profondità	Hloubka
Propulsione	Pohon
Rotazione	Rotace
Stabilità	Stabilita
Struttura	Struktura

Jazz
Jazz

Album	Album
Applauso	Potlesk
Artista	Umělec
Canzone	Píseň
Compositore	Skladatel
Composizione	Složení
Concerto	Koncert
Enfasi	Důraz
Famoso	Slavný
Genere	Žánr
Improvvisazione	Improvizace
Musica	Hudba
Nuovo	Nový
Orchestra	Orchestr
Preferiti	Oblíbené
Ritmo	Rytmus
Stile	Styl
Talento	Talent
Tecnica	Technika
Vecchio	Starý

L'Azienda
Společnost

Creativo	Tvořivý
Decisione	Rozhodnutí
Globale	Globální
Industria	Průmysl
Innovativo	Inovační
Investimento	Investice
Occupazione	Zaměstnání
Possibilità	Možnost
Presentazione	Prezentace
Prodotto	Produkt
Professionale	Profesionální
Progresso	Pokrok
Qualità	Kvalita
Reddito	Výnos
Reputazione	Pověst
Rischi	Rizika
Risorse	Zdroje
Salari	Mzdy
Tendenze	Trendy
Unità	Jednotky

Letteratura
Literatura

Analisi	Analýza
Analogia	Analogie
Aneddoto	Anekdota
Autore	Autor
Biografia	Životopis
Conclusione	Závěr
Confronto	Srovnání
Descrizione	Popis
Dialogo	Dialog
Genere	Žánr
Metafora	Metafora
Opinione	Názor
Poesia	Báseň
Poetico	Poetický
Rima	Rým
Ritmo	Rytmus
Romanzo	Román
Stile	Styl
Tema	Téma
Tragedia	Tragédie

Libri
Knihy

Autore	Autor
Avventura	Dobrodružství
Collezione	Sbírka
Contesto	Kontext
Dualità	Dualita
Epico	Epos
Inventivo	Vynalézavý
Letterario	Literární
Lettore	Čtenář
Narratore	Vypravěč
Pagina	Stránka
Poesia	Poezie
Rilevante	Relevantní
Romanzo	Román
Scritto	Psaný
Serie	Řada
Storia	Příběh
Storico	Historický
Tragico	Tragický
Umoristico	Vtipný

Mammiferi
Savci

Balena	Velryba
Cane	Pes
Canguro	Klokan
Cavallo	Kůň
Cervo	Jelen
Coniglio	Králík
Coyote	Kojot
Delfino	Delfín
Elefante	Slon
Gatto	Kočka
Giraffa	Žirafa
Gorilla	Gorila
Leone	Lev
Lupo	Vlk
Orso	Medvěd
Pecora	Ovce
Scimmia	Opice
Toro	Býk
Volpe	Liška
Zebra	Zebra

Matematica
Matematika

Angoli	Úhly
Aritmetica	Aritmetický
Decimale	Desetinný
Diametro	Průměr
Divisione	Divize
Equazione	Rovnice
Esponente	Exponent
Frazione	Zlomek
Geometria	Geometrie
Parallelo	Rovnoběžný
Parallelogramma	Rovnoběžník
Perimetro	Obvod
Poligono	Polygon
Quadrato	Náměstí
Raggio	Poloměr
Rettangolo	Obdélník
Simmetria	Symetrie
Somma	Součet
Triangolo	Trojúhelník
Volume	Objem

Meditazione
Rozjímání

Accettazione	Přijetí
Attenzione	Pozornost
Calma	Uklidnit
Chiarezza	Jasnost
Compassione	Soucit
Emozioni	Emoce
Felicità	Štěstí
Gentilezza	Laskavost
Gratitudine	Vděčnost
Mentale	Duševní
Mente	Mysl
Movimento	Hnutí
Musica	Hudba
Natura	Příroda
Osservazione	Pozorování
Pace	Mír
Pensieri	Myšlenky
Prospettiva	Perspektiva
Respirazione	Dýchání
Silenzio	Umlčet

Meteo
Počasí

Arcobaleno	Duha
Asciutto	Suchý
Atmosfera	Atmosféra
Brezza	Vánek
Cielo	Nebe
Clima	Klima
Fulmine	Blesk
Ghiaccio	Led
Monsone	Monzun
Nebbia	Mlha
Nube	Mrak
Polare	Polární
Siccità	Sucho
Temperatura	Teplota
Tempesta	Bouře
Tornado	Tornádo
Tropicale	Tropický
Tuono	Hrom
Uragano	Hurikán
Vento	Vítr

Misurazioni
Měření

Altezza	Výška
Byte	Bajt
Centimetro	Centimetr
Chilogrammo	Kilogram
Chilometro	Kilometr
Decimale	Desetinný
Grado	Stupeň
Grammo	Gram
Larghezza	Šířka
Litro	Litr
Lunghezza	Délka
Metro	Metr
Minuto	Minuta
Oncia	Unce
Peso	Hmotnost
Pinta	Pinta
Pollice	Palec
Profondità	Hloubka
Tonnellata	Tón
Volume	Objem

Mitologia
Mytologie

Archetipo	Archetyp
Comportamento	Chování
Creatura	Stvoření
Creazione	Vytvoření
Cultura	Kultura
Disastro	Katastrofa
Divinità	Božstva
Eroe	Hrdina
Forza	Síla
Fulmine	Blesk
Gelosia	Žárlivost
Guerriero	Bojovník
Immortalità	Nesmrtelnost
Labirinto	Labyrint
Leggenda	Legenda
Magico	Magický
Mortale	Smrtelný
Mostro	Příšera
Tuono	Hrom
Vendetta	Pomsta

Moda
Módní

Abbigliamento	Oblečení
Boutique	Butik
Caro	Drahý
Confortevole	Pohodlný
Elegante	Elegantní
Misure	Měření
Modello	Vzor
Moderno	Moderní
Modesto	Skromný
Originale	Původní
Pizzo	Krajka
Pratico	Praktický
Pulsanti	Tlačítka
Ricamo	Výšivka
Semplice	Jednoduchý
Sofisticato	Sofistikovaný
Stile	Styl
Tendenza	Trend
Tessuto	Tkanina
Trama	Textura

Musica
Hudba

Album	Album
Armonia	Harmonie
Armonico	Harmonický
Ballata	Balada
Cantante	Zpěvák
Cantare	Zpívat
Classico	Klasický
Coro	Refrén
Lirico	Lyrický
Melodia	Melodie
Microfono	Mikrofon
Musicale	Hudební
Musicista	Hudebník
Opera	Opera
Poetico	Poetický
Registrazione	Nahrávka
Ritmico	Rytmický
Ritmo	Rytmus
Strumento	Nástroj
Vocale	Hlasový

Natura
Příroda

Animali	Zvířata
Api	Včely
Artico	Arktický
Bellezza	Krása
Deserto	Poušť
Dinamico	Dynamický
Erosione	Eroze
Fiume	Řeka
Fogliame	List
Foresta	Les
Ghiacciaio	Ledovec
Montagne	Hory
Nebbia	Mlha
Nuvole	Mraky
Rifugio	Útočiště
Santuario	Svatyně
Selvaggio	Divoký
Sereno	Klidný
Tropicale	Tropický
Vitale	Vitální

Numeri
Čísla

Cinque	Pět
Decimale	Desetinný
Diciannove	Devatenáct
Diciassette	Sedmnáct
Diciotto	Osmnáct
Dieci	Deset
Dodici	Dvanáct
Due	Dva
Nove	Devět
Otto	Osm
Quattordici	Čtrnáct
Quattro	Čtyři
Quindici	Patnáct
Sedici	Šestnáct
Sei	Šest
Sette	Sedm
Tre	Tři
Tredici	Třináct
Venti	Dvacet
Zero	Nula

Nutrizione
Výživa

Amaro	Horký
Appetito	Chuť
Bilanciato	Vyvážený
Calorie	Kalorie
Carboidrati	Sacharid
Commestibile	Jedlý
Dieta	Strava
Digestione	Trávení
Fermentazione	Kvašení
Liquidi	Kapaliny
Nutriente	Živina
Peso	Hmotnost
Proteine	Proteiny
Qualità	Kvalita
Salsa	Omáčka
Salute	Zdraví
Sano	Zdravý
Spezie	Koření
Tossina	Toxin
Vitamina	Vitamín

Oceano
Oceán

Anguilla	Úhoř
Balena	Velryba
Barca	Loď
Corallo	Korál
Delfino	Delfín
Gamberetto	Kreveta
Granchio	Krab
Maree	Přílivy
Medusa	Medúza
Onde	Vlny
Ostrica	Ústřice
Pesce	Ryba
Polpo	Chobotnice
Sale	Sůl
Scogliera	Útes
Spugna	Houba
Squalo	Žralok
Tartaruga	Želva
Tempesta	Bouře
Tonno	Tuňák

Paesaggi
Krajiny

Cascata	Vodopád
Collina	Kopec
Deserto	Poušť
Dune	Duny
Fiume	Řeka
Geyser	Gejzír
Ghiacciaio	Ledovec
Grotta	Jeskyně
Isola	Ostrov
Lago	Jezero
Mare	Moře
Montagna	Hora
Oasi	Oáza
Oceano	Oceán
Palude	Bažina
Penisola	Poloostrov
Spiaggia	Pláž
Tundra	Tundra
Valle	Údolí
Vulcano	Sopka

Paesi #1
Země #1

Brasile	Brazílie
Cambogia	Kambodža
Canada	Kanada
Egitto	Egypt
Finlandia	Finsko
Germania	Německo
India	Indie
Iraq	Irák
Israele	Izrael
Libia	Libye
Mali	Mali
Marocco	Maroko
Norvegia	Norsko
Panama	Panama
Polonia	Polsko
Romania	Rumunsko
Senegal	Senegal
Spagna	Španělsko
Venezuela	Venezuela
Vietnam	Vietnam

Paesi #2
Země #2

Albania	Albánie
Danimarca	Dánsko
Etiopia	Etiopie
Giamaica	Jamajka
Giappone	Japonsko
Grecia	Řecko
Haiti	Haiti
Indonesia	Indonésie
Irlanda	Irsko
Laos	Laos
Liberia	Libérie
Messico	Mexiko
Nepal	Nepál
Nigeria	Nigérie
Pakistan	Pákistán
Russia	Rusko
Siria	Sýrie
Sudan	Súdán
Ucraina	Ukrajina
Uganda	Uganda

Piante
Rostliny

Albero	Strom
Bacca	Bobule
Bambù	Bambus
Botanica	Botanika
Cactus	Kaktus
Cespuglio	Keř
Crescere	Růst
Edera	Břečťan
Erba	Tráva
Fagiolo	Fazole
Fertilizzante	Hnojivo
Fiore	Květina
Flora	Flóra
Fogliame	List
Foresta	Les
Giardino	Zahrada
Muschio	Mech
Radice	Kořen
Sole	Slunce
Vegetazione	Vegetace

Professioni #1
Profese #1

Allenatore	Trenér
Ambasciatore	Velvyslanec
Artista	Umělec
Astronomo	Astronom
Avvocato	Advokát
Ballerino	Tanečník
Banchiere	Bankéř
Cacciatore	Lovec
Cartografo	Kartograf
Editore	Editor
Farmacista	Lékárník
Geologo	Geolog
Gioielliere	Klenotník
Idraulico	Instalatér
Infermiera	Sestra
Musicista	Hudebník
Pianista	Pianista
Psicologo	Psycholog
Scienziato	Vědec
Veterinario	Veterinář

Professioni #2
Profese #2

Astronauta	Astronaut
Bibliotecario	Knihovník
Biologo	Biolog
Chirurgo	Chirurg
Dentista	Zubař
Filosofo	Filozof
Fotografo	Fotograf
Giardiniere	Zahradník
Giornalista	Novinář
Illustratore	Ilustrátor
Ingegnere	Inženýr
Insegnante	Učitel
Inventore	Vynálezce
Investigatore	Vyšetřovatel
Linguista	Lingvista
Medico	Lékař
Pilota	Pilot
Pittore	Malíř
Ricercatore	Výzkumník
Zoologo	Zoolog

Psicologia
Psychologie

Appuntamento	Jmenování
Clinico	Klinický
Cognizione	Poznání
Comportamento	Chování
Conflitto	Konflikt
Ego	Ego
Emozioni	Emoce
Esperienze	Zkušenosti
Idee	Nápady
Inconscio	Nevědomý
Infanzia	Dětství
Pensieri	Myšlenky
Percezione	Vnímání
Personalità	Osobnost
Problema	Problém
Realtà	Realita
Sensazione	Pocit
Subconscio	Podvědomý
Terapia	Terapie
Valutazione	Posouzení

Ristorante #1
Restaurace #1

Allergia	Alergie
Caffè	Káva
Cameriera	Číšnice
Carne	Maso
Cassiere	Pokladní
Cibo	Jídlo
Ciotola	Mísa
Coltello	Nůž
Cucina	Kuchyně
Dessert	Dezert
Ingredienti	Ingredience
Mangiare	Jíst
Menù	Menu
Pane	Chléb
Piatto	Talíř
Piccante	Pikantní
Pollo	Kuře
Prenotazione	Rezervace
Salsa	Omáčka
Tovagliolo	Ubrousek

Ristorante #2
Restaurace #2

Acqua	Voda
Aperitivo	Předkrm
Bevanda	Nápoj
Cameriere	Číšník
Cena	Večeře
Cucchiaio	Lžíce
Delizioso	Lahodné
Forchetta	Vidlička
Frutta	Ovoce
Ghiaccio	Led
Insalata	Salát
Minestra	Polévka
Pesce	Ryba
Pranzo	Oběd
Sale	Sůl
Sedia	Židle
Spezie	Koření
Torta	Dort
Uova	Vejce
Verdure	Zelenina

Salute e Benessere #1
Zdraví a Wellness #1

Abitudine	Zvyk
Altezza	Výška
Attivo	Aktivní
Batteri	Bakterie
Clinica	Klinika
Fame	Hlad
Farmacia	Lékárna
Frattura	Zlomenina
Medicina	Lék
Medico	Lékař
Muscoli	Svaly
Nervi	Nervy
Ormoni	Hormony
Ossa	Kosti
Pelle	Kůže
Riflesso	Reflex
Rilassamento	Relaxace
Terapia	Terapie
Trattamento	Léčba
Virus	Virus

Salute e Benessere #2
Zdraví a Wellness #2

Allergia	Alergie
Anatomia	Anatomie
Appetito	Chuť
Caloria	Kalorie
Corpo	Tělo
Dieta	Strava
Digestione	Trávení
Disidratazione	Dehydratace
Energia	Energie
Genetica	Genetika
Igiene	Hygiena
Infezione	Infekce
Malattia	Nemoc
Massaggio	Masáž
Nutrizione	Výživa
Ospedale	Nemocnice
Peso	Hmotnost
Sangue	Krev
Sano	Zdravý
Vitamina	Vitamín

Scienza
Věda

Atomo	Atom
Chimico	Chemický
Clima	Klima
Dati	Data
Esperimento	Experiment
Evoluzione	Vývoj
Fatto	Skutečnost
Fisica	Fyzika
Fossile	Fosilie
Gravità	Gravitace
Ipotesi	Hypotéza
Laboratorio	Laboratoř
Metodo	Metoda
Minerali	Minerály
Molecole	Molekuly
Natura	Příroda
Organismo	Organismus
Osservazione	Pozorování
Particelle	Částice
Scienziato	Vědec

Spezie
Koření

Aglio	Česnek
Amaro	Horký
Anice	Anýz
Cannella	Skořice
Cardamomo	Kardamon
Cipolla	Cibule
Coriandolo	Koriandr
Cumino	Kmín
Curcuma	Kurkuma
Curry	Kari
Dolce	Sladký
Finocchio	Fenykl
Gusto	Příchuť
Liquirizia	Lékořice
Paprika	Paprika
Pepe	Pepř
Sale	Sůl
Vaniglia	Vanilka
Zafferano	Šafrán
Zenzero	Zázvor

Strumenti Musicali
Hudební Nástroje

Armonica	Harmonika
Arpa	Harfa
Banjo	Bendžo
Chitarra	Kytara
Clarinetto	Klarinet
Fagotto	Fagot
Flauto	Flétna
Gong	Gong
Mandolino	Mandolína
Marimba	Marimba
Oboe	Hoboj
Percussione	Poklep
Pianoforte	Klavír
Sassofono	Saxofon
Tamburello	Tamburína
Tamburo	Buben
Tromba	Trubka
Trombone	Pozoun
Violino	Housle
Violoncello	Violoncello

Tempo
Čas

Anno	Rok
Annuale	Roční
Calendario	Kalendář
Decennio	Desetiletí
Dopo	Po
Futuro	Budoucnost
Giorno	Den
Ieri	Včera
Mattina	Ráno
Mese	Měsíc
Mezzogiorno	Poledne
Minuto	Minuta
Notte	Noc
Oggi	Dnes
Ora	Hodina
Orologio	Hodiny
Presto	Brzy
Prima	Před
Secolo	Století
Settimana	Týden

Tipi di Capelli
Typy Vlasů

Argento	Stříbro
Asciutto	Suchý
Bianco	Bílý
Biondo	Blond
Breve	Krátký
Calvo	Plešatý
Colorato	Barevný
Grigio	Šedá
Intrecciato	Pletené
Liscio	Hladký
Lungo	Dlouhý
Marrone	Hnědý
Morbido	Měkký
Nero	Černá
Ondulato	Vlnitý
Riccio	Kudrnatý
Riccioli	Kadeř
Sano	Zdravý
Sottile	Tenký
Spessore	Tlustý

Uccelli
Ptactvo

Airone	Volavka
Anatra	Kachna
Aquila	Orel
Cicogna	Čáp
Cigno	Labuť
Colomba	Holubice
Cuculo	Kukačka
Fenicottero	Plameňák
Gabbiano	Racek
Oca	Husa
Pappagallo	Papoušek
Passero	Vrabec
Pavone	Páv
Pellicano	Pelikán
Piccione	Holub
Pinguino	Tučňák
Pollo	Kuře
Struzzo	Pštros
Tucano	Tukan
Uovo	Vejce

Vacanze #2
Dovolená #2

Aeroporto	Letiště
Campeggio	Kempování
Destinazione	Destinace
Foto	Fotky
Hotel	Hotel
Isola	Ostrov
Mappa	Mapa
Mare	Moře
Passaporto	Cestovní Pas
Ristorante	Restaurace
Spiaggia	Pláž
Straniero	Cizinec
Taxi	Taxi
Tempo Libero	Volný Čas
Tenda	Stan
Trasporto	Doprava
Treno	Vlak
Vacanza	Dovolená
Viaggio	Cesta
Visto	Vízum

Veicoli
Životnost

Aereo	Letadlo
Ambulanza	Sanitka
Auto	Auto
Autobus	Autobus
Barca	Loď
Bicicletta	Jízdní Kolo
Camion	Náklaďák
Caravan	Karavana
Elicottero	Vrtulník
Metropolitana	Metro
Motore	Motor
Pneumatici	Pneumatiky
Razzo	Raketa
Scooter	Koloběžka
Sottomarino	Ponorka
Taxi	Taxi
Traghetto	Trajekt
Trattore	Traktor
Treno	Vlak
Zattera	Vor

Verdure
Zelenina

Aglio	Česnek
Broccolo	Brokolice
Carciofo	Artyčok
Carota	Mrkev
Cetriolo	Okurka
Cipolla	Cibule
Fungo	Houba
Insalata	Salát
Melanzana	Lilek
Patata	Brambor
Pisello	Hrášek
Pomodoro	Rajče
Prezzemolo	Petržel
Rapa	Tuřín
Ravanello	Ředkev
Scalogno	Šalotka
Sedano	Celer
Spinaci	Špenát
Zenzero	Zázvor
Zucca	Dýně

Vestiti
Oblečení

Abito	Šaty
Braccialetto	Náramek
Camicetta	Halenka
Camicia	Košile
Cappello	Klobouk
Cappotto	Kabát
Cintura	Pás
Collana	Náhrdelník
Giacca	Bunda
Gonna	Sukně
Grembiule	Zástěra
Guanti	Rukavice
Jeans	Džíny
Maglione	Svetr
Moda	Móda
Pantaloni	Kalhoty
Pigiama	Pyžamo
Sandali	Sandály
Scarpa	Bota
Sciarpa	Šátek

Congratulazioni

Ce l'hai fatta!

Speriamo che questo libro vi sia piaciuto tanto quanto a noi è piaciuto concepirlo. Ci sforziamo di creare libri della più alta qualità possibile.
Questa edizione è progettata per fornire un apprendimento intelligente, di qualità e divertente!

Le è piaciuto questo libro?

Una Semplice Richiesta

Questi libri esistono grazie alle recensioni che pubblicate.

Puoi aiutarci lasciando una recensione
ora a questo link ?

BestBooksActivity.com/Recensioni50

SFIDA FINALE!

Sfida n°1

Sei pronto per il tuo gioco gratuito? Li usiamo sempre, ma non sono
così facili da trovare - ecco i **Sinonimi!**

Scrivi 5 parole che hai trovato nei puzzle (n° 21, n° 36, n° 76) e prova a
trovare 2 sinonimi per ogni parola.

*Scrivi 5 parole del **Puzzle 21***

Parole	Sinonimo 1	Sinonimo 2

*Scrivi 5 parole del **Puzzle 36***

Parole	Sinonimo 1	Sinonimo 2

*Scrivi 5 parole del **Puzzle 76***

Parole	Sinonimo 1	Sinonimo 2

Sfida n°2

Ora che ti sei riscaldato, scrivi 5 parole che hai trovato nei puzzle n° 9, n° 17 e n° 25 e cerca di trovare 2 contrari per ogni parola. Quanti ne puoi trovare in 20 minuti?

Scrivi 5 parole del **Puzzle 9**

Parole	Antonimo 1	Antonimo 2

Scrivi 5 parole del **Puzzle 17**

Parole	Antonimo 1	Antonimo 2

Scrivi 5 parole del **Puzzle 25**

Parole	Antonimo 1	Antonimo 2

Sfida n°3

Grande! Questa sfida  non è niente per te!

Pronto per la sfida finale? Scegli 10 parole che hai scoperto nei diversi puzzle e scrivile qui sotto.

1.	6.
2.	7.
3.	8.
4.	9.
5.	10.

Ora scrivi un testo pensando a una persona, un animale o un luogo che ti piace.

Puoi usare l'ultima pagina di questo libro come bozza.

La tua composizione:

TACCUINO:

A PRESTO!

Tutta la Squadra

SCOPRIRE GIOCHI GRATIS

GO

BESTACTIVITYBOOKS.COM/FREEGAMES